Mainländ﹖

ein neuer Messias.

Eine frohe Botschaft

inmitten der herrschenden Geistesverwirrung.

Von

Max Seiling.

München.

Theodor Ackermann

königlicher Hof-Buchhändler.

1888.

Inhalt.

Vorwort.

Es ist wirklich zu traurig, zu sehen, wie
langsam die Wahrheit vorankommt, während
die Lüge überall freie Bahn findet.

Mainländer.

Schopenhauer theilt bei seinen Klagen über Nichtbeachtung
die folgende schwerwiegende Äußerung Goethe's mit: „Wenn man
die Unredlichkeit der Deutschen in ihrer ganzen Größe kennen lernen
will, muß man sich mit der deutschen Litteratur bekannt machen."
(Wille in der Natur 17.)*) Wer diese Ansicht Goethe's theilt,
könnte durch den Titel der vorliegenden Schrift sehr wohl zur
Prüfung der Frage veranlaßt werden, ob vielleicht auch Main =
länder ein von den Unredlichen nicht beachteter großer Geist ist.
Wer sich aber von der Richtigkeit des angezogenen Satzes noch
nicht überzeugen konnte, möchte beim Anblick der Schrift vielleicht
also denken: Entweder handelt es sich hier um die Meinung eines
kurzsichtigen, einseitigen Schwärmers; oder aber, wie wäre es mög=
lich, daß ein gänzlich Unbekannter den Namen eines neuen Messias,
d. h. eines Geisteshelden höchster Art, sollte verkündigen können?
Solch ein Gottgesandter müßte doch auch schon von Denjenigen erkannt
worden sein, die von Amts= und Standeswegen oder auf Grund
ihrer Gelehrtheit hiezu befähigt sein müssen. Die eine Möglichkeit
dem Urtheile des Lesers, falls er ein solches hat, überlassend, bleibt
mir nur über die andere Einiges zu sagen.

Da sind zunächst als solche, denen es obläge, einer neuen
Lehre zum Durchbruche zu verhelfen, die „Herren vom philosophischen
Gewerbe", vulgo Professoren der Philosophie zu nennen. Die Be=
urtheilung der Thätigkeit so hoher Herren kann natürlich nicht Jedem

*) Ich citire Schopenhauer hier und in der Folge nach der
Frauenstädt'schen Gesammtausgabe der Werke Schopenhauer's.

zugeſtanden, ſondern muß einer maßgebenden Stelle überlaſſen werden. Als ſolche empfiehlt ſich am beſten Schopenhauer. Dieſer ſtellte über die Univerſitätsphiloſophie bekanntlich ſehr eingehende Betrachtungen an, deren Inhalt man in den allgemeinen Satz zuſammenfaſſen kann, daß Leute, die von einer Sache leben, unmöglich für dieſelbe leben können. Nun hieße es aber allerdings für die Philoſophie leben, wenn man es ſich angelegen ſein ließe, die Lehre eines wirklichen Philoſophen, deſſen „ganzer und großer Ernſt im Aufſuchen eines Schlüſſels zu unſerem, ſo rätſelhaften, wie mißlichen Daſein liegt", gerecht zu würdigen. Im Beſonderen äußert ſich Schopenhauer über die „Spaaßphiloſophen" einmal wie folgt: „Jede ächte und bedeutende philoſophiſche Leiſtung wird auf die ihrigen zu viel Schatten werfen und überdies den Abſichten und Beſchränkungen der Gilde ſich nicht fügen; weshalb ſie allezeit bemüht ſind, eine ſolche nicht aufkommen zu laſſen, wozu dann, nach Maßgabe der jedesmaligen Zeiten und Umſtände, bald Verhehlen, Zudecken, Verſchweigen, Ignoriren, Sekretiren, bald Verneinen, Verkleinern, Tadeln, Läſtern, Verdrehen, bald Denunziren und Verfolgen die üblichen Mittel ſind." (W. a. W. u. V. II, 179.) Bedenkt man nun, daß ein Schopenhauer von dieſen Leuten 35 Jahre lang todtgeſchwiegen wurde, bis er endlich, Dank anderen Umſtänden, doch durchdrang, ſo müßte es ja geradezu als ein ſchlechtes Zeichen für die Bedeutung Mainländer's angeſehen werden, wenn ſich die Philoſophieprofeſſoren ſchon jetzt irgendwie mit ihm beſchäftigten, nachdem ſein Hauptwerk erſt vor 11 Jahren erſchienen iſt. Seit Schopenhauer's Zeit ſollen ſich die Verhältniſſe allerdings verändert haben. Hierüber belehrt uns E. Dühring: „Die Epigonen derjenigen Epigonen, mit denen ſich ein Schopenhauer vorzugsweiſe zu beſchäftigen hatte, ſind derartig heruntergekommen, daß ſie ſelbſt in den Augen ihrer univerſitären Kollegen aus anderen Fächern nicht mehr recht die Capazität beſitzen, aus ihrem Kreiſe Leute zu liefern, die man zu ein wenig univerſitärer Parade in die erledigten Philoſophieprofeſſuren ſtecken könnte". (Curſus der Philoſophie 472.)

Eine andere Klaſſe, von der man möglicherweiſe eine Mittheilung über eine hervorragende Erſcheinung auf litterariſchem Gebiete erwarten könnte, bilden die Journaliſten. Es wäre im höchſten Grade unbillig, wo nicht gar grauſam, wenn man von dieſen ſchon

— 3 —

übergenug geschmähten „Narren der modernen Kultur" so viel Ernst,
Geist und Muth verlangen wollte, als zur richtigen Schätzung des
Werthes eines großen Philosophen erforderlich ist. Einer solch'
ungewöhnlichen Erscheinung gegenüber muß übrigens der Begriff
„Journalist" möglichst weit gefaßt werden. Ich meine, Mancher,
der als „Schriftsteller" hoch über den Journalisten zu stehen glaubt,
muß in dem gedachten Falle mit diesen über einen Kamm geschoren
werden.

Es folgt die große Zahl der sehr verschiedenartigen Publizisten,
die keiner der genannten Kasten direkt angehören. Vielen unter
Diesen ist es verzeihlicherweise nur darum zu thun, ihre eigene Weis=
heit nicht nur zu Markte zu bringen, sondern auch allein anerkannt
zu wissen: sie müßten ja den Ruhm sich selber entziehen, den sie
einem Andern ertheilen wollten. Einige von ihnen gehen sogar so
weit, Anderen Federn auszurupfen, um sie für ihre eigenen aus=
zugeben. In dieser Hinsicht scheint Mainländer nicht ganz un=
bekannt geblieben zu sein. Andererseits gibt es aber auch Viele,
denen ein ernstgemeintes, redliches Streben nach Wahrheit nicht
abgesprochen werden kann, woferne sie dieselbe nicht etwa schon ganz
zu besitzen glauben. Sie gehören dann meist einer alleinseligmachenden
Partei oder Richtung an und dürfen somit für alles außer ihr
Liegende blind sein. Die vielen guten Eigenschaften, die bei Partei=
gängern sonst noch vorkommen, brauchen wohl nicht erst aufgezählt
zu werden. Ferner kommt die nicht geringe Anzahl Derjenigen,
welche überhaupt unfähig sind, das Große auch nur zu ahnen,
billigerweise nicht in Betracht.

Auch will es mir scheinen, daß Mainländer außer mit
den genannten und anderen gewöhnlichen Feinden, gleich Schopen=
hauer, mit einem „ungewöhnlichen Feinde" zu kämpfen hat. Wie
Diesem die „Hegelei", so dürfte Jenem, wenn auch nicht mit gleicher
Macht, — sit venia verbo — die „Hartmännerei" entgegen=
stehen. In diesem Betreff muß man, abgesehen von dem schädlichen
Einflusse, den jede Modephilosophie ausübt, wissen, daß die „Phi=
losophie des Unbewußten" von Mainländer einer vernichtenden,
mit so überlegenen Waffen geführten Kritik unterzogen wurde, wie
sie ihresgleichen in der Geschichte der Philosophie nicht hat. Zu
dieser Mainländer'schen Kritik bilden nun die Lobpreisungen
Hartmann's seitens seiner zahlreichen Verehrer einen so schreienden

1*

Contrast, daß man von Diesen, besonders von den darunter befind=
lichen „Autoritäten", unmöglich etwas Anderes als das Ignoriren
oder Verkleinern Mainländer's verlangen kann. Sie sind hart
genug bestraft, wenn sie den Muth gehabt haben, jene Kritik zu
Ende zu lesen.

Endlich ist es wohl nicht nöthig, daß ich an der Hand zahl=
reicher Beispiele beweise, welche harten Kämpfe alles Große zu jeder
Zeit und überhaupt zu bestehen hatte, bis ihm schließlich die ver=
diente Anerkennung zu Theil wurde.

Unter Berücksichtigung alles Gesagten wird ein Unbefangener
es immerhin für möglich halten, daß ein Mächtiger des Geistes
unter uns aufgestanden, der noch so gut wie unbekannt ist; weßhalb
ich mich der Hoffnung hingebe, daß nicht Alle, welche dieses Vor=
wort gelesen, die Schrift ungelesen beiseite legen werden, daß dieselbe
vielmehr den Einen oder Anderen erreichen möge, der im Stande ist,
Wirksameres für die Verbreitung der Lehre Mainländer's zu leisten,
als ich es vermag. Möge sich bald ein Solcher finden, damit wir
Deutsche nicht neuerdings die Schande erleben müssen, vom Aus=
lande auf einen unserer großen Männer aufmerksam gemacht worden
zu sein. *)

Mit gutem Gewissen darf ich mir sagen, daß mich nur die
hohe Sache Mainländer's und das Schweigen Anderer zum
Reden bewegen konnten; denn, meinem Berufe nach Techniker, und
zur Schriftstellerei weder veranlagt, noch herangebildet, bin ich mir
hiebei einer Selbstverleugnung bewußt.

Max Seiling.

---

*) Bereits sind zwei längere, sehr bemerkenswerthe Besprechungen er=
schienen. Siehe „Revue philosophique" 1885, p. 628 und „Mind" 1886,
Nr. 43.

I.

Einleitung.

Das heilige Feuer der Wissenschaft,
von dem die Erlösung des Menschengeschlechts abhängt, wird von Hand zu
Hand weitergereicht. Es verlöschet nie.
Es kann nur immer größer, seine Flamme
immer reiner und rauchloser werden.

Mainländer.

Indem ich zuerst die wenigen, mir bekannt gewordenen bio-
graphischen Notizen über Mainländer mittheile, füge ich mich der
nun einmal nicht zu ändernden Art der Menschen, eher etwas von dem
Leben, als von den Werken eines großen Mannes erfahren zu wollen.

Philipp Mainländer*) wurde am 5. Oktober 1841 zu Offenbach am Main geboren, wo sein Vater einem industriellen Etablissement
vorstand. Nach vollendeten Studien auf dem Gymnasium und der Han-
delsakademie in Dresden begab sich Mainländer aus Gesundheits-
rücksichten und zur praktischen Ausbildung für den kaufmännischen
Beruf nach Neapel. Dort wurde er durch einen Zufall alsbald
mit Schopenhauer's Werken bekannt. Der mächtige Eindruck,
den dieselben auf den damals siebzehnjährigen Jüngling machten, war
für die Richtung seines Lebensweges von da ab entscheidend.
Mainländer befolgte gewissenhaft Schopenhauer's „ehrlichen
und wohlgemeinten Rath, keine Zeit mit der Katheberphilosophie zu
verlieren", und betrieb, sein eigener Meister, überhaupt keinerlei
Universitätsstudien. Neben dem starken Drange zum Philosophiren
besaß er eine hohe dichterische Begabung, der wir das schon 1866
vollendete, dramatische Gedicht „die letzten Hohenstaufen" verdanken.
Nach siebenjährigem Aufenthalte in Italien kehrte er in seine

---

*) Der Klang des aus tiefliegenden Gründen erwählten Pseudonyms
gab den Oberflächlichen, zu denen in diesem Falle sogar Nietzsche gehört, die
Veranlassung zur unrichtigen „heerdenthiermäßigen" Vermuthung, daß Mainländer ein Jude sei. Sein Familienname ist Batz.

Heimath zurück und war während zweier Jahre seinem Vater bei der Leitung der Fabrik behilflich. Darauf weilte er, um dem Herde der socialen Bewegung näher zu stehen, einige Jahre in Berlin, woselbst er nebenbei im Bankhause des Baron Magnus beschäftigt war. Mit reichen Kenntnissen und Lebenserfahrungen ausgestattet, schrieb er in den Jahren 1872—73 in Offenbach sein Hauptwerk, den I. Bd. der „Philosophie der Erlösung". Mainländer war ein Philosoph der That: was er in seinem Werke lehrte, das wollte er auch leben. Er hielt es daher, obwohl schon im 33. Lebens= jahre stehend, für seine Pflicht, freiwillig die Last des schwersten Militärdienstes auf sich zu nehmen, und diente, gleich dem Ärmsten aus dem Volke, als gemeiner Soldat in einem Kürassierregiment. Nach Ablauf seines Militärjahres schrieb er in Offenbach in der unglaublich kurzen Zeit von nur vier Monaten den II. Bd. der „Philosophie der Erlösung" und vollendete neben einigen kleineren Arbeiten seine Autobiographie. Inzwischen war der I. Bd. der „Philosophie der Erlösung" dem Drucke übergeben worden. Nur einen Tag, den 31. März 1876, hielt Mainländer sein ge= drucktes Werk in Händen. Dann durfte er seine Lebensaufgaben als gelöst erkennen und schied im Besitze des höchsten Herzens= friedens aus dem Leben. Gleich Sokrates und Christus drückte er mit dem freiwilligen Tode seiner großen Lehre das Siegel auf. Die demnächst erscheinende Autobiographie Mainländer's wird uns, wie man zwischen den Zeilen seiner Werke deutlich lesen kann, das Bild eines, über der Menschheit stehenden, weisen Helden zeigen, wie nur wenige auf Erden gewandelt sind.

Das ausschließliche Recht der Herausgabe seines handschrift= lichen Nachlasses hat Mainländer seiner Schwester übertragen. Bereits sind der II. Bd. der „Philosophie der Erlösung" und „die letzten Hohenstaufen" im Drucke erschienen. Die „Tagebuchblätter" (Autobiographie) sind in Vorbereitung, und hoffentlich werden ihnen noch weitere Veröffentlichungen folgen.

Der erste Band der Mainländer'schen „Philosophie der Erlösung" enthält auf 623 Seiten die Abschnitte:
Analytik des Erkenntnißvermögens.
Physik.
Ästhetik.

Ethik.

Politik.

Methaphysik.

Anhang: Kritik der Lehren Kant's und Schopenhauer's.

Den zweiten Band der „Pilosophie der Erlösung" bilden auf 653 Seiten zwölf philosophische Essays, deren kurz gefaßte Titel also lauten:

1. Der Realismus.
2. Der Pantheismus.
3. Der Idealismus.
4. Der Budhaismus.
5. Das Dogma der Dreieinigkeit.
6. Die Philosophie der Erlösung.
7. Das wahre Vertrauen.
8. Der theoretische Socialismus.
9. Der praktische Socialismus.
10. Das regulative Prinzip des Socialismus.
11. Ährenlese.
12. Kritik der Hartmann'schen Philosophie des Unbewußten.

Seine Stellung im Entwicklungsgange des menschlichen Geistes bezeichnet Mainländer im Vorworte zu seinem Hauptwerke wie folgt: „Die Philosophie der Erlösung ist Fortsetzung der Lehren Kant's und Schopenhauer's und Bestätigung des Budhaismus und des reinen Christenthums. Jene philosophischen Systeme werden von ihr berichtigt und ergänzt, diese Religionen von ihr mit der Wissenschaft versöhnt."

Daß eine neue Lehre in unsern Tagen einzig an die Errungen= schaften Kant's und Schopenhauer's anzuknüpfen hat, wird Jeder als unumgänglich nothwendig ansehen, der mit der philosophischen Litteratur gründlich vertraut und überdies fähig ist, den hohen Werth der Werke jener beiden Könige unter den Philosophen zu erkennen. Wohl aber möchte Mancher, der vor Schopenhauer's Reichthum an tiefsinnigen Gedanken und vor der vollendeten Art ihrer Dar= stellung bewundernd steht, nicht zugeben, daß Schopenhauer's System der Berichtigung und Ergänzung bedarf. War ja Schopen= hauer selbst von der Einheit und Richtigkeit seiner Lehre in dem Maße überzeugt, daß er die Reihe der Philosophen abzu= schließen glaubte. (Parerga I, 20 und II, 96.) Ein eminentes

Beispiel für die unbedingte Anerkennung Schopenhauer's bietet uns Richard Wagner, der freilich kein Fachgelehrter, aber ein großer, weltumfassender Geist ist, dessen Stimme gehört werden muß. Wagner's Begeisterung erklärt sich im Allgemeinen aus seiner nahen Geistesverwandtschaft mit Schopenhauer. Die Übereinstimmung der Grundideen des „Ring des Nibelungen" mit der Schopenhauer'schen Philosophie erregt das höchste Erstaunen, wenn man erfährt, daß der Dichter zur Zeit der Abfassung seines Werkes mit Schopenhauer noch unbekannt war. Insbesondere aber waren es Schopenhauer's große Leistungen auf ethischem Gebiete, die Wagner bestimmten, die Schopenhauer'sche Philosophie als einzig wahre Grundlage aller ferneren Kultur zu bezeichnen. Die Ergänzung der nothwendig negativen Resultate dieser Philosophie glaubte Wagner als Aufgabe des Kunstwerkes hinstellen zu müssen. Dieser Umstand, sowie der fernere, daß Wagner als Genie ein eigenes reiches, inneres Leben hatte, lassen es sehr natürlich erscheinen, daß er das Ungenügende der Schopenhauer'schen Philosophie nicht empfunden haben dürfte. -

Dies Wort „ungenügend" wage ich nicht ohne Scheu und nur auf Grund eines jahrelangen, gewissenhaften Studiums der Werke Schopenhauer's auszusprechen. Denn mich dünkt, daß wir des Genius, dieses einzigen und wahren Offenbarers in unserem räthselhaften Dasein, nur mit Verehrung und Dankbarkeit gedenken sollten. Inzwischen spricht Schopenhauer selbst von der „Stammverwandtschaft des Genies mit dem wesentlich verkehrten und absurden Menschengeschlechte", so wie von den „Fehlern und Schwächen, die seiner Natur, wie jeder die ihrigen, anhangen." Und Mainländer sagt in Übereinstimmung mit dem bekannten Ausspruche Voltaire's *), den Schopenhauer über seine Kritik der Kant'schen Philosophie setzte: „Als bahnbrechendes Genie durfte Schopenhauer, im Erstaunen über seine herrliche That, die Besonnenheit wieder verlieren. Die Besonnenheit durfte im Jubel über eine wahrhaft große Errungenschaft untergehen."

Das Ungenügende der Schopenhauer'schen Philosophie

*) C'est le privilège du vrai génie, et surtout du génie qui ouvre une carrière, de faire inpunément de grandes fautes.

liegt zum größten Theil in einer nicht geringen Anzahl unvereinbarer Widersprüche. Der Fundamental-Widerspruch, die Quelle, aus der fast alle übrigen fließen, betrifft Schopenhauer's Schwanken zwischen idealistischer und realistischer Weltansicht. Auf die Frage nämlich, ob der Außenwelt, also allem jenseit unserer Haut Liegenden, Realität zukomme oder nicht, gibt Schopenhauer keine bestimmte und unzweideutige Antwort. Ich glaube auf diese Unsicherheit Schopenhauer's das hellste Licht werfen zu können, wenn ich einige besonders bezeichnende Stellen aus seinen Werken einander gegenüberseße.

Schopenhauer, der Idealist, sagt:

„Wer die Idealität der Welt einmal begriffen hat, dem erscheint die Behauptung, daß solche, auch wenn Niemand sie vorstellte, doch vorhanden sein würde, wirklich unsinnig; weil sie einen Widerspruch aussagt: denn ihr Vorhandensein bedeutet eben nur ihr Vorgestelltwerden. Ihr Dasein selbst liegt in der Vorstellung des Subjekts. Dies eben besagt der Ausdruck: sie ist Objekt." (Parerga II, 40.)

„Das Individuum ist nur Erscheinung, ist nur da für die im Satz vom Grunde, dem principio individuationis, befangene Erkenntniß." (W. a. W. u. V. I, 324.)

„Das einzige wirklich empirisch Gegebene, bei der Anschauung, ist der Eintritt einer Empfindung im Sinnesorgan: Die Voraussetzung, daß diese, auch nur überhaupt, eine Ursache haben müsse, beruht auf einem in der Form unseres Erkennens, d. h. in den Funktionen unseres Gehirns wurzelnden Gesetz, dessen Ursprung daher eben so subjektiv ist, wie jene Sinnesempfindung selbst." (W. a. W. u. V. II, 13.)

„Für den, der die Welt will, ist sie stets da, für den, der sie nicht will, ist sie nicht." (Gwinner, Schopenhauer's Leben, 611).

Diese letzte Stelle scheint mir sehr wichtig, weil sie, 14 Tage vor Schopenhauer's Tode geschrieben das Letzte ist, was aus seiner Feder geflossen.

Schopenhauer, der Realist, sagt:

„Im Ganzen läßt sich sagen, daß in der objektiven Welt, also der anschaulichen Vorstellung, sich überhaupt nichts darstellen kann, was nicht im Wesen der Dinge an sich, also in dem der Erscheinung zum Grunde liegenden Willen, ein genau dementsprechend modificirtes Streben hätte. Denn die Welt als Vorstellung kann nichts aus eigenen Mitteln liefern, eben darum aber auch kann sie kein eitles, müßig ersonnenes Mährchen auftischen. Die endlose Mannigfaltigkeit der Formen und sogar der Färbungen der Pflanzen und ihrer Blüthen muß doch überall der Ausdruck eines eben so modificirten subjektiven Wesens sein: d. h. der Wille als Ding an sich,. der sich darin darstellt, muß durch sie genau abgebildet sein." (Parerga II, 188.)

„Hieraus folgt nun ferner, daß die Individualität nicht allein auf dem principio individuationis beruht und daher nicht durch und durch bloße Erscheinung ist, sondern daß sie im Dinge an sich, im Willen des Einzelnen, wurzelt; denn sein Charakter selbst ist individuell." (Parerga II, 243.)

„ . . . auf das Weltganze, als welchem dazu ein absolut objektives, nicht durch unsern Intellekt bedingtes Dasein beigelegt werden muß." (Vierfache Wurzel 93.)

„Die Völker existiren blos in abstracto: die Einzelnen sind das Reale." (Parerga I, 219.)

Als Ergänzung zu diesen letzten Stellen ist zu bemerken, daß Schopenhauer ganze Abhandlungen schrieb, deren Inhalt allein vom realistischen Standpunkt aus Geltung haben kann. Dahin gehören z. B. das große Kapitel: „Zur Philosophie und Wissenschaft der Natur" (Parerga II) und der Abschnitt „Vergleichende Anatomie" und Anderes im „Willen in der Natur."

Berücksichtigt man die Zeitpunkte, um welche die einzelnen Stellen geschrieben wurden, dann wird man sich auch mit Frauenstädt's Erklärung nicht zufrieden geben können, daß Schopenhauer den einseitigen Idealismus seiner ersten Werke später corrigirt habe. Dagegen sprechen ja die erste, dritte und vierte Stelle der ersten Gruppe. Andererseits beweist die dritte Stelle der zweiten Gruppe, daß Schopenhauer auch in seinen jungen Jahren die Berechtigung des realistischen Standpunktes sehr wohl erkannt hat. Im großen Ganzen huldigte Schopenhauer der idealistischen Weltansicht, da die Lehre von der Idealität der Zeit und des Raumes im Kant'schen Sinne für ihn eine ausgemachte, über allen Zweifel erhabene Sache war. Ganz ungemein bezeichnend für diesen Idealismus ist das von Frauenstädt aus Schopen=

hauer's Manuſkripten hierüber Mitgetheilte, von dem ich folgende
Probe geben will: „In dieſem Dinge alſo, oder vielmehr in deſſen
oberem Ende, Kopf genannt, welches von außen geſehen, ein Ding
wie alle andern, im Raum begränzt, ſchwer u. ſ. w. iſt, fand ich
nichts Geringeres vor, als eben — die ganze Welt ſelbſt, mitſammt
dem ganzen Raum, in welchem das Alles iſt, und der ganzen Zeit,
in der ſich das Alles bewegt, nebſt Allem endlich, was beide füllt
in ſeiner ganzen Buntſchäckigkeit und Zahlloſigkeit: ja, was das
Tollſte iſt, mich ſelbſt fand ich darin herumſpazierend!" (Frauen-
ſtädt, „A. Schopenhauer. Von ihm. Über ihn." 285.)

Wer möchte denn nun angeſichts der oben einander gegenüber geſetzten Stellen, ohne ſich der größten Oberflächlichkeit ſchul-
dig zu machen, behaupten wollen, daß bei Schopenhauer Alles
in Ordnung ſei und durchaus keiner Berichtigung bedürfe? Wer
ſich vielmehr mit vollem Ernſte und frei von Autoritätsglauben
dem Probleme des Idealismus hingegeben hat, wird ein tiefge-
fühltes Bedürfniß nach einem Retter und Befreier in der uns von
Kant und Schopenhauer bereiteten Geiſtesnoth empfinden. In
der That iſt die Alternative, vor die man geſtellt iſt, von er-
drückend wichtiger Bedeutung: entweder ſind, wie es eine unerbittliche Conſequenz jener idealiſtiſchen Weltanſicht iſt, Individualität,
reale Entwicklung der Welt, Naturwiſſenſchaften, Politik u. ſ. w.
ſo gut wie bedeutungsloſe Dinge, Hirngeſpinnſte; oder Kant und
Schopenhauer waren gänzlich in einer Täuſchung befangen. —
Schopenhauer macht in ſeinem geiſtſprühenden Kapitel „zur
Phyſiognomik" unter Anderem die Bemerkungen: „Alle gehen ſtill-
ſchweigend von dem Grundſatz aus, daß Jeder iſt, wie er aus-
ſieht" und „ſo deutlich drückt die Natur den Bevorzugten der
Menſchheit den Stempel ihrer Würde auf, daß ein Kind es erkennt." Nun betrachte*) man einmal, abgeſehen von der zwingen-
den Macht ihrer tiefſinnigen Werke, die gewaltigen Köpfe dieſer

*) Solche Betrachtungen ſind nur nicht leicht anzuſtellen. Das einzige
photographiſche Bildniß Schopenhauer's nach dem Leben bekommt man
nach meinen ziemlich reichen Erfahrungen nur in Frankfurt a. M. und
ſelbſt da nur auf Beſtellung, welches genaue Ortskenntniß vorausſetzt. Wer
ſich vor Staub nicht fürchtet, betrachte die in der Stadtbibliothek verwahrten,
Schopenhauer darſtellenden Daguerrotypen. Photographien von Alltags-
köpfen kann man ſich, beſonders in Univerſitätsſtädten, freilich ungleich leichter
verſchaffen.

beiden größten Denker und man würde, wenn die Sache nicht so ernst wäre, es höchst komisch finden können, wie es bloße „Talent= männer" mit ausgesprochenen Alltagsphysiognomien wagen, jene beiden geistigen Riesen in plump realistischer Denkweise wirklich für Narren zu erklären.

In dieser harten Bedrängniß erschien Mainländer als der sehnlichst erwartete Retter und löste uns das geheimnißvolle Räthsel des transcendentalen Idealismus, nach welchem der Außenwelt Realität zukommt, trotzdem Zeit und Raum lediglich in unserem Kopfe existiren. Es ist wahrlich die höchste Zeit, daß der Streit zwischen Realismus und Idealismus einmal aufhöre. Das Ende kann jedoch nur durch das Zauberwort eines Vermittlers herbei= geführt werden, nicht aber durch die von jeder Partei geforderte vollständige Unterwerfung der Gegenpartei.

Wie schon angedeutet, hängen die meisten übrigen Widersprüche Schopenhauer's mit dem besprochenen Fundamental = Wider= spruche auf's innigste zusammen, so daß es das größte Unrecht ist, sich gegen einzelne derselben ohne Rücksicht auf den gedachten Zu= sammenhang zu wenden. Denn „man soll jeden Schriftsteller auf die ihm günstigste Weise auslegen."

Von anderen, nimmermehr vollbefriedigenden Resultaten der Schopenhauer 'schen Philosophie möchte ich bei der hier gebotenen Kürze nur noch folgende berühren.

Es ist ganz unmöglich, sich vom Wesen der Materie nach Schopenhauer's ebenso zahlreichen, wie verschiedenen Erklärungen einen deutlichen Begriff zu bilden. Dies ist in einer Zeit, in der der Materialismus eine so große Rolle spielt, wie in der unsrigen, ein doppelt gefühlter Übelstand. Um jener so sehr gefürchteten Lehre mit Nachdruck entgegentreten zu können, müßte man doch vor Allem selbst erst genau wissen, was unter der Materie eigentlich zu verstehen sei. Was sagt nun Schopenhauer z. B.?

„Nur als erfüllt sind Zeit und Raum wahrnehm= bar. Ihre Wahrnehmbarkeit ist die Materie." (Vierfache Wurzel 29.)

„Die Materie ist durch und durch lauter Kausalität: ihr Wesen ist das Wirken überhaupt. Daher eben läßt die reine Ma= terie sich nicht anschauen, sondern blos denken; sie ist ein zu jeder

Realität als ihre Grundlage Hinzugedachtes." (Vierfache Wurzel 82.)

„Es ist ebenso wahr, daß das Erkennende ein Produkt der Materie sei, als daß die Materie eine bloße Vorstellung des Erkennenden sei." (W. a. W. u. V. II, 15.)

„Daß die Materie für sich, also getrennt von der Form, nicht angeschaut oder vorgestellt werden kann, beruht darauf, daß sie an sich selbst und als das rein Substantielle der Körper eigentlich der Wille selbst ist." (W. a. W. u. V. II, 351.)

„Wollen die Herren, absolut ein Absolutum haben, so will ich ihnen eines in die Hand geben, welches allen Anforderungen an ein solches viel besser genügt, als ihre erfaselten Nebelgestalten: es ist die Materie. Sie ist unentstanden und unvergänglich, also wirklich unabhängig und quod per se est per se concipitur: aus ihrem Schooß geht alles hervor und alles in ihn zurück: was kann man von einem Absolutum weiter verlangen?" (W. a. W. u. V. I, 574.)

Man sage nicht etwa, daß diese und andere Stellen, jede von ihrem einseitigen Standpunkte aus, Geltung haben, und daß sie sich sehr wohl unter einem höheren Gesichtspunkte vereinigen lassen. Man würde damit nur beweisen, daß man, sich auf den Glauben an Schopenhauer beschränkend, noch keinen ernstlichen Versuch gemacht hat, ihn zu verstehen.

So glänzend und fruchtbringend ferner der Grundgedanke der Schopenhauer'schen Philosophie ist, nach welchem der Wille das Ursprüngliche und der Intellekt nur ein Sekundäres ist, vermochte Schopenhauer das Verhältniß zwischen beiden doch nicht mit der äußersten Genauigkeit festzustellen. Dies zeigt sich am deutlichsten in der Ästhetik, wo Schopenhauer lehrt, daß das Subjekt des Erkennens willenlos sei, so daß also der Intellekt ein selbständiges Dasein führt. Gegen diese Auffassung sträubt sich unser Verhalten ganz besonders bei einem hohen musikalischen Kunstgenusse. Im Vorübergehen bemerke ich, daß die Ideenlehre, auf der Schopenhauer's Ästhetik andererseits begründet ist, ebenfalls nicht haltbar ist, sobald man einmal die Unzulänglichkeit von Schopenhauer's Idealismus erkannt hat.

Auch wird sich schwerlich behaupten lassen, daß Schopenhauer eine makellose Ethik geliefert habe. Zuvörderst ist es sehr hart zu vernehmen, daß, wie Schopenhauer im Eingang zum

vierten Buche der W. a. W. und B. ausdrücklich lehrt, jede Mög=
lichkeit einer Tugendlehre ausgeschlossen sei. Der nicht weniger
Anstoß erregende Satz, daß Abwesenheit aller egoistischen Motiva=
tion das Kriterium einer moralischen Handlung sei, hängt freilich
wieder mit der Lehre von der Idealität des Raumes zusammen,
mittelst welcher das principium individuationis durchschaut werden
kann. Ferner erweist sich das Mitleid als Fundament der Moral
zu schmal, weil weder die Heiligkeit, noch alle Handlungen der
Gerechtigkeit *) darauf Platz haben. Auch die Verwerflichkeit der
widernatürlichen Wollustsünden läßt sich, wie Schopenhauer
selbst einmal (Ethik, Vorrede XVII) bemerkt, nicht aus dem Mit=
leid ableiten. Endlich bleibt bei Schopenhauer's Schwanken
zwischen dem Einen ungetheilten Willen und dem individuellen Willen
die Verneinung des Willens zum Leben ein unverständlicher Vor=
gang. Denn entweder kann das Individuum nur durch die Spe=
cies, oder diese, und mit ihr die ganze Welt, kann durch einen
einzigen Heiligen erlöst werden. Am eingehendsten behandelt Scho=
penhauer diesen Gegenstand in Briefen an verschiedene Persön=
lichkeiten, vermag ihn aber nicht zu erhellen, weil er transscendent
sei, d. h. über alle Möglichkeit unseres Verständnisses hinausgehe.
Dieses unbestimmte und deshalb Mißverständniß und Widerspruch
geradezu herausfordernde Resultat in der denkbar wichtigsten An=
gelegenheit muß auf's tiefste beklagt werden. Wie anders wäre es,
wenn nur individuelle Willen existirten und die Verneinung
lediglich in der Virginität bestände, so daß sich Jeder ganz und
voll, unabhängig von den Andern, vom Dasein erlösen könnte! Ich
habe mit diesem Gedanken schon eine der Hauptlehren Mainlän=
der's angedeutet. Bei Schopenhauer ist nämlich die Virgini=
tät nur der erste und wichtigste Schritt in der Verneinung des
Willens, der gänzlichen Gelassenheit und Gleichgültigkeit gegen die
Dinge dieser Welt, dem vollständigen Aufgeben alles Wollens in
Folge einer „nicht anzuraisonnirenden" Erkenntniß. Ob und wie
man zu diesem mystischen Zustande überhaupt gelangen könne und,
wenn dies der Fall, inwiefern der den Willen Verneinende als Er=
scheinung noch weiter existiren könne, sind Fragen, die mit Recht

---

*) Z. B. werden ein Wilddiebstahl und eine Steuerdefraudation aus
Vernunftgründen, nicht aus Mitleid unterlassen. Oder sind dieselben etwa
keine unmoralischen Handlungen?

aufgeworfen wurden. Andererseits lehrt Schopenhauer: „Der Tod ist die große Gelegenheit, nicht mehr Ich zu sein: wohl dem, der sie benutzt." Eine grausame Lehre! Denn, wie Vielen ist es vergönnt, sich auf die Todesstunde mit vollem Bewußtsein ruhig und würdig vorzubereiten? Der Todesstunde darf nicht die allergeringste Bedeutung beigelegt werden, — diesen Trost muß eine Erlösung verkündende Lehre ohne Zweifel bieten können. Welchen Trost Schopenhauer selbst aus seiner Lehre zu schöpfen vermochte, mag man aus Dem schließen, was er zwei Tage vor seinem Tode zu Gwinner äußerte: „es würde für ihn nur eine Wohlthat sein, zum absoluten Nichts zu gelangen; aber der Tod eröffne leider keine Aussicht darauf." (Gwinner, Schopenhauer's Leben 615.) Der transscendente Eine Wille, der, wie jede pantheistische Einheit, das menschliche Herz kalt läßt, mußte ihm die tröstliche Aussicht versperren. Und dennoch klingt es wie eine Ahnung, daß seine letzten Worte gerade diese Aussicht betrafen, die uns Mainländer, sein großer Nachfolger, eröffnete.

Erwägt man die bedenkliche Unklarheit Schopenhauer's über die Möglichkeit der Erlösung des Willens vom Dasein, so wird man den Vorwurf, daß das letzte Ergebniß seiner Lehre zu verderblichem Quietismus hinleite, nicht zurückweisen können. Nebenbei sei bemerkt, daß der gedachte Vorwurf sehr oft Schopenhauer's Pessimismus gemacht wird, was aber ganz mit Unrecht geschieht. Denn dem Pessimisten wird, wenn er nur nicht an der Möglichkeit seiner Erlösung verzweifeln muß, stets mehr zu thun bleiben als dem Optimisten, der diese Welt vortrefflich findet. Auch ist alles Große in der Regel von Pessimisten ausgegangen.

Schließlich muß man ein eigenthümliches Mißverhältniß darin erblicken, daß Schopenhauer sich oft mit großer Ostentation einen immanenten Philosophen nennt, während er doch, genau genommen, ein transscendenter ist. Denn der Grundstein seiner Lehre, der Eine untheilbare Wille, ist ein transscendentes Ding.

Mit dem Vorstehenden glaube ich hinlängliche Gründe dafür angeführt zu haben, daß man berechtigt ist, die Resultate der Schopenhauer'schen Philosophie als ungenügend zu bezeichnen. Zu dieser schmerzlichen Einsicht zu gelangen, wird uns durch den bestrickenden Zauber der Werke Schopenhauer's außerordentlich

erschwert. Bei der einmal aufgegangenen Erkenntniß hat man sich
sodann aber zu hüten, in den entgegengesetzten Fehler zu verfallen
und die Verdienste S ch o p e n h a u e r's zu unterschätzen, wie es die
unverzeihliche, aber bequeme Art so Vieler ist, die auf das Ganze
lästern, wenn sie einen Fehler am Theil entdeckt haben. Zu einer
richtigen Schätzung S ch o p e n h a u e r's wird man hingeleitet, wenn
man im Auge behält, was F r a u e n st ä d t in seiner Einleitung zu
S ch o p e n h a u e r's Werken sehr treffend über den Werth philoso=
phischer Systeme im Allgemeinen sagt: „Der Werth der philoso=
phischen Systeme dürfte nicht in Dem liegen, was sie als System
leisten; — denn seinem systematischen Bau nach dürfte vielleicht
keines ganz haltbar sein, weil keines frei ist von Widersprüchen
seiner Sätze, theils gegen die Erfahrung, theils gegen einander. Ihr
Werth liegt nach meiner Ansicht vielmehr in den großen fruchtbaren
Wahrheiten, durch deren Entdeckung sie die menschliche Erkenntniß im
Allgemeinen weiter gefördert, verderbliche Irrthümer zerstört, hem=
mende Vorurtheile beseitigt haben. Je mehr dergleichen Wahrheiten
ein System entdeckt hat, desto werthvoller ist es, sollte auch sein sy=
stematischer Bau im Ganzen fehlerhaft sein."

Von diesem Standpunkte aus betrachtet, wird S ch o p e n =
h a u e r immer mehr und allgemeiner als einer der ersten Lehrer
der Menschheit anerkannt und gepriesen werden. Auf daß dies sich
aber um so eher verwirkliche, war es von unabweisbarer Noth=
wendigkeit, daß ein neuer Prophet das geistige Erbe S ch o p e n =
h a u e r's antrat und das Feuer desselben „rein und rauchlos" ge=
staltete. Dieser Heißersehnte ist uns in M a i n l ä n d e r erstanden.
Um sofort alle Zweifel über die Gesinnung zu verscheuchen, von
der sich M a i n l ä n d e r bei seiner umfassenden und erstaunlich scharf=
sinnigen Kritik der Philosophie S ch o p e n h a u e r's leiten ließ, will
ich eine Stelle aus dem Schlußworte zu dieser Kritik anführen:
„Ich habe mich bemüht, die Fehler aufzudecken (es war keine leichte
Arbeit), getragen von aufrichtiger Verehrung und unaussprechlicher
Dankbarkeit gegen den Meister, von dessen Einfluß auf mich ich
nicht reden will. Denn wie konnte ich besser meine Dankbarkeit
gegen den großen Todten beweisen, als dadurch, daß ich seine Lehre,
durch Befreiung von Auswüchsen und Absurditäten, für Jeden, wie
ich hoffe, zündend machte? S ch o p e n h a u e r's Werke sind fast
noch gar nicht bekannt. Von den Wenigen, die sie kennen, schütten

die Meisten, von den Fehlern abgestoßen, das Kind mit dem Bade aus. Da galt es zu handeln!"

Mit brennender Begierde sollte sich jeder gewissenhafte Schopenhauerianer an das Studium der Mainländer'schen Werke machen, aus denen er die frohe Zuversicht schöpfen kann, daß vor der also gereinigten Philosophie Schopenhauer's jeder redliche Gegner verstummen muß. War es doch bisher zu traurig zu sehen, wie mittelmäßige Köpfe sich mit einem gewissen Rechte auf Schopenhauer's Irrthümer etwas zu Gute thun durften.

Von Mainländer's Verhältniß zu Schopenhauer gilt in mancher Beziehung, was dieser über sein Verhältniß zu Kant sagte. Mainländer hat die Schopenhauer'sche Philosophie, nachdem er sie berichtigt, erst zu Ende gedacht. Sehr richtig wurde auch schon bemerkt, daß Schopenhauer in den schwierigsten Fragen die Probleme erst aufgestellt habe. Mainländer unternimmt es, sie zu lösen. Wenn gleich nun Mainländer's That mit einem Worte als Fortbildung der Philosophie Schopenhauer's bezeichnet werden kann, so möchte ich doch schon hier darauf hinweisen, daß damit viel mehr gesagt ist, als man im ersten Augenblicke wohl erwarten dürfte. Man bedenke aber, welch' eine reiche Gedankenwelt einer Lehre sich aufthut, welche dem Individuum seine zertretenen Rechte wieder zurückgibt und, auf Grund der anerkannten realen Entwicklung der Dinge, den dem orthodoxen Schopenhauerianer verhaßten „Fortschritt" als das Grundgesetz der Welt erklärt. Ich erinnere nur an die damit zusammenhängenden politischen und socialen Fragen. Ferner macht sich in der gesammten Naturwissenschaft trotz ihrer hohen Entwicklung das Bedürfniß nach einem festen Grunde, auf dem sie ruhig und sicher weiter bauen kann, immer fühlbarer. Als solcher kann aber der eine, transscendente Wille, an den geglaubt werden muß, nie angesehen werden. Indem Mainländer sich überhaupt nur auf das Wissen stützt und dennoch die Übereinstimmung seiner Lehre mit dem Budhaismus und dem reinen Christenthum auf das überzeugendste darthut, zeigt er uns endlich auch den Weg, auf dem die Religion in die Wissenschaft übergehen kann und darf. Denn, wofür Christus von seiner unmündigen Mitwelt den Glauben fordern mußte, das kann mit Mainländer jetzt, da die Menschheit reif geworden, gewußt werden und ist somit gefeit gegen die vernichtenden Angriffe unserer glaubenslosen, materialistischen Zeit. Man wähne nicht, daß diesen noch irgend eine Gemüthsmacht allein auf die Dauer widerstehen könnte; nur das bessere Wissen kann sie vereiteln. Es ist ganz besonders diese, jedem Edlen heilige Sache, um welcher willen wir Mainländer als neuem Messias zujubeln dürfen.

Indem ich im Nachfolgenden die Lehre Mainländer's in ihren Grundzügen und Hauptresultaten mitzutheilen versuche, lasse ich mich lediglich von dem Wunsche leiten, möglichst viele Anregung zum Studium des Originalwerkes zu geben. Nur dort wird man vom vollen gleichmäßigen Sonnenlichte beleuchtet finden, was sich hier nur von einzelnen Blitzstrahlen erhellt zeigen kann. Natürlich gebe ich das Wort meist Mainländer selbst; denn „man zeigt nur einen thörichten Dünkel, wenn man mit andern Worten etwas sagt, was vorher schon sehr gut ausgedrückt worden ist."

II.
Analytik des Erkenntnißvermögens.

Meine Philosophie ist Versöhnung des
Realismus mit Kant's kritischem Idealismus oder der echte transscendentale Idealismus, der den Dingen ihre empirische Realität läßt und sie nur durch die Materie
(Substanz) als Erscheinung setzt.

Mainländer.

Das Originelle in Mainländer's Erkenntnißtheorie besteht
im Wesentlichen in der Entdeckung der apriorischen Erkenntnißformen Punkt-Raum und Punkt-Zeit (Gegenwart), in der Auffassung der Materie als einer apriorischen Verstandesform, sowie
in der richtigen Erklärung der Substanz und der Causalität. Die
im Zusammenhang hiemit stehenden Resultate von der allergrößesten
Bedeutung werden im Folgenden an geeigneter Stelle deutlich her-
vortreten.

Der Punkt-Raum ist als eine vor aller Erfahrung in uns
liegende Verstandesform streng zu unterscheiden vom unendlichen
(mathematischen) Raume, der eine Verbindung der Vernunft a
posteriori ist. Mainländer sagt: „Die Verstandsform Raum
ist unter dem Bilde eines Punktes zu denken, der die Fähigkeit
hat, sich nach den drei Dimensionen in unbestimmte Weite (in indefinitum) zu erstrecken. Es ist ihr ganz gleich, ob die Sinnlich-
keit sie um ein Sandkorn legt oder um einen Elefanten, ob ihre
dritte Dimension zur Bestimmung der Entfernung eines 10 Fuß
von mir stehenden Objekts oder des Mondes benützt, ob sie nach
allen Dimensionen gleich weit, oder gleichzeitig, oder sonst wie an-
gewendet wird. Sie ist selbst keine Anschauung, vermittelt
aber alle Anschauung, wie das Auge sich selbst nicht sieht, die
Hand sich selbst nicht ergreifen kann." Der Punkt-Raum wird von
jedem Ding an sich bestimmt sich soweit zu entfalten, als es wirkt.

2*

Wenn demnach einerseits der Punkt-Raum eine apriorische Form unseres Erkenntnißvermögens ist, so hat andererseits „jedes Ding an sich eine vom Subjekt total unabhängige Wirksamkeitssphäre. Diese wird nicht vom Raume bestimmt, sondern sie sollicitirt den Raum, sie genau da zu begrenzen, wo sie aufhört."

Der unendliche Raum und seine Einschränkungen, die reinen Räumlichkeiten sind Phantasieräume. Indem wir nämlich den Punkt-Raum durch Erfahrung gebrauchen lernen, ist es in unser Belieben gestellt, ihn nach drei Dimensionen, ohne ihm einen Gegenstand zu geben, soweit wir wollen, auseinander treten zu lassen. Wir können auf diese Weise a posteriori einen unend= lichen Raum construiren, d. h. „wir haben nie ein Ganzes, son= dern nur die Gewißheit, daß wir im Fortgang der Synthesis nie= mals auf ein Hinderniß stoßen werden."

Aber sind wir denn zu dieser Composition berechtigt? Die Erfahrung liefert uns stets krafterfüllte Räumlichkeiten; denn, wo ein Körper aufhört zu wirken, beginnt ein anderer mit seiner Wirk= samkeit. Deshalb befindet sich mein Kopf nicht im Raume, wie Schopenhauer einmal bemerkt, sondern in der Luft, die ganz gewiß nicht mit dem Raume identisch ist. Eine reine Räum= lichkeit, die kleinste wie die größte, entsteht hingegen nur dadurch, daß ich die sie erfüllende Kraft wegdenke. Der Erzeuger des un= endlichen Raumes ist somit die auf Abwege gerathene Vernunft. „In der Welt sind nur Kräfte, keine Räumlichkeiten, und der unendliche Raum existirt so wenig, wie die allerkleinste Räum= lichkeit."

„Die Vernunft ist nur dann berechtigt, von sich aus den Raum auseinander treten zu lassen (wie man auf die Feder eines Stockdegens drückt), wenn sie reproducirt oder für die Mathematik die reine Anschauung einer Räumlichkeit herzustellen hat. Es ist klar, daß der Mathematiker eine solche Räumlichkeit nur in den kleinsten Dimensionen nöthig hat, um seine sämmtlichen Beweise zu demonstriren; es ist aber auch klar, daß gerade die Herstellung des mathematischen Raumes für den Mathematiker die Klippe ist, an der die Vernunft pervers wird und den Mißbrauch begeht."

Einen anderen Mißbrauch begeht die Vernunft, wenn sie den von der Außenwelt abgelösten Raum bis ins Unendliche theilt. Dies ist übrigens ein „unschuldiges" Beginnen, solange die un=

endliche Theilbarkeit des mathematischen Raumes nicht auf die Kraft, das Ding an sich, übertragen wird. Es wäre nämlich ein logischer Widerspruch, zu sagen, daß eine endliche Kraftsphäre, z. B. 1 Kubikcentimeter Eisen, aus unendlich vielen Theilen zusammengesetzt sei.

„Die Unterlage für den Begriff Unendlichkeit besteht lediglich in der ungehinderten Thätigkeit in indefinitum eines Erkenntnißvermögens, nie, nie auf realem Gebiete."

Die schwerwiegende Consequenz, die der Punkt=Raum gestattet, ist also, daß das Ding an sich eine Ausdehnung hat, die mit dem Raume nicht identisch ist. Wäre jedoch, wie Kant und Schopenhauer lehren, der unendliche Raum eine reine Anschauung a priori, so wäre ganz zweifellos, daß dem Ding an sich keine Ausdehnung zukommt: „Um dies einzusehen, bedarf es nur eines ganz kurzen Besinnens; denn es ist klar, daß in diesem Falle jedes Ding seine Ausdehnung nur leihweise vom alleinen unendlichen Raume hat." —

Bezüglich der Zeit gestalten sich die Verhältnisse in der Hauptsache ähnlich wie beim Raume, brauchen daher hier nur angedeutet zu werden.

Die apriorische Form Punkt=Zeit, die Gegenwart, der auf realem Gebiete der „Punkt der Bewegung" entspricht, muß unterschieden werden von der Zeit, als einer von der Vernunft a posteriori hergestellten Verbindung. Diese ist einer idealen festen Linie von unbestimmter Länge vergleichbar, auf welcher die Gegenwart fortrollt. Die Zeit ist der subjektive Maßstab der realen Bewegung, welche auch ohne erkennende Wesen vorhanden wäre.

Die unendliche Zeit ist eine von der perversen Vernunft erschlichene Phantasiezeit und entsteht, indem das denkende Subjekt die erfüllten Momente gewaltsam ihres Inhaltes beraubt und die Gewißheit hat, daß der Fortgang der Synthesis nirgends gehemmt sein wird. „Es gibt weder eine unendliche Zeit außerhalb meines Kopfes, die die Dinge verzehrte, noch gibt es eine unendliche Zeit in meinem Kopfe, die eine reine Anschauung a priori wäre."

Die Erforschung der wahren Natur des Raumes und der Zeit, insbesondere die damit verbundene Vernichtung der Hirngespinnste „unendlicher Raum" und „unendliche Zeit" muß allein schon als eine erlösende That Mainländer's bezeichnet werden.

Befindet man sich noch ganz auf dem Kant=Schopenhauer'schen Standpunkte, so kann man diese Quälgeister als reine Anschauungen a priori allerdings abweisen; man hat aber dafür den ungeheuren, unablässig beunruhigenden Gedanken mit in den Kauf zu nehmen, daß die Welt wesenloser Schein ist. —

Die Materie ist die zweite Form (die erste ist der Raum), welche der Verstand zu Hülfe nimmt, um die aufgefundene Ursache zu einer Sinnesempfindung wahrzunehmen. „Sie ist gleichfalls unter dem Bilde eines Punktes zu denken (von der Substanz ist hier nicht die Rede). Sie ist die Fähigkeit, jede Eigenschaft der Dinge an sich, jede specielle Wirksamkeit derselben innerhalb der vom Raume gezeichneten Gestalt genau und getreu zu objektiviren; denn das Objekt ist nichts Anderes, als das durch die Formen des Subjekts gegangene Ding an sich. Ohne die Materie kein Objekt, ohne Objekt keine Außenwelt."

„Die Materie ist eine weitere Bedingung der Möglichkeit der Erfahrung, oder eine apriorische Form unseres Erkenntnißvermögens. Ihr steht, vollkommen unabhängig, die Summe der Wirksamkeiten eines Dinges an sich, oder, mit einem Wort, die Kraft gegenüber. Insoferne eine Kraft Gegenstand der Wahrnehmung eines Subjekts wird, ist sie Stoff (objektivirte Kraft); hingegen ist jede Kraft, unabhängig von einem wahrnehmenden Subjekt, frei von Stoff und nur Kraft."

„Die Materie allein bringt die Kluft zwischen dem Er= scheinenden und seiner Erscheinung hervor, obgleich die Materie sich ganz indifferent verhält und aus eigenen Mitteln weder eine Eigen= schaft in das Ding an sich legen, noch seine Wirksamkeit verstärken oder schwächen kann. Sie objektivirt einfach den gegebenen Sinnes= eindruck und es ist ihr ganz gleich, ob sie die dem schreiendsten Roth oder dem sanftesten Blau, der größten Härte oder der vollen Weichheit zum Grunde liegende Eigenschaft des Dinges an sich zur Vorstellung zu bringen hat; aber sie kann den Eindruck nur ihrer Natur gemäß vorstellen, und hier muß deshalb das Messer ein= gesetzt werden, um den richtigen, so überaus wichtigen Schnitt durch das Ideale und Reale machen zu können."

Diese tiefdurchdachte Lösung des Problemes von der Materie kann allein den Grund zur Versöhnung zwischen Realismus und Idealismus legen. Sie erhält ihre nothwendige Ergänzung durch Mainländer's

Erklärung der Substanz: „Jede Wirkungsart eines Dinges an sich wird, insoferne sie die Sinne für die Anschauung (Gesichts= und Tastsinn afficirt, von der Verstandsform **Materie** objektivirt, d. h. sie wird für uns materiell. Eine Ausnahme findet in keiner Weise statt, und ist deshalb die Materie das ideale Substrat aller sichtbaren Objekte, welches an und für sich qualitätslos ist, an dem aber alle Qualitäten erscheinen müssen, ähnlich wie der Raum aus= dehnungslos ist, aber alle Kraftsphären umzeichnet. Infolge dieser Qualitätslosigkeit des idealen Substrats aller sichtbaren Objekte wird der Vernunft ein gleichartiges Mannigfaltiges dargereicht, welches sie zur Einheit der S u b st a n z verknüpft. Die Substanz ist mithin, wie die Zeit, eine **Verbindung** a posteriori der Vernunft auf Grund einer apriorischen Form. Mit Hülfe dieser idealen Ver= bindung nun denkt die Vernunft zu allen denjenigen Sinnesein= drücken, welche sich in die Formen des Verstandes nicht eingießen lassen, die Materie hinzu und gelangt auf diese Weise auch zur Vorstellung unkörperlicher Objekte. Diese und die körperlichen Ob= jekte machen ein zusammenhängendes Ganzes von s u b st a n z i e l l e n Objekten aus. Jetzt erst werden uns die Luft, farblose Gase, Düfte und Töne (vibrirende Luft) zu Objekten, ob wir sie gleich nicht räumlich und materiell gestalten können, und der Satz hat nunmehr unbedingte Gültigkeit: daß Alles, was einen Eindruck auf unsere Sinne macht, nothwendig substanziell ist."

„Der Einheit der idealen Verbindung Substanz steht auf realem Gebiete das Weltall, die Collektiv=Einheit von Kräften gegen= über, welche von jener total unabhängig ist."

Beiläufig sei bemerkt, daß der bekannte Grundsatz von der Beharrlichkeit der Substanz mit der von M a i n l ä n d e r gegebenen Erklärung der Substanz, sowie mit den Resultaten seiner Philo= sophie überhaupt, sich nicht verträgt. Dies wird sich später noch ganz klar ergeben. —

Es ist nicht das geringste Verdienst M a i n l ä n d e r 's, Klar= heit in diejenigen, sehr verschiedenen Verhältnisse gebracht zu haben, die gewöhnlich unter dem Namen der Causalität in einen Topf geworfen werden.

Die causalen Verhältnisse bestehen in dem C a u s a l i t ä t s = g e s e tz, der allgemeinen C a u s a l i t ä t und der G e m e i n s c h a f t oder Wechselwirkung.

Das Causalitätsgesetz ist, wie schon Schopenhauer gefunden hat, die alleinige Function des Verstandes, und besteht im Übergang von der Wirkung im Sinnesorgan zur Ursache. Es ist, nach den Sinnen, die erste Bedingung der Möglichkeit der Vorstellung und liegt deshalb a priori in uns. Damit der Verstand diese seine Funktion ausüben könne, muß er von Ursachen erregt werden, die außerhalb des erkennenden Subjektes liegen. Denn sonst „müßten sie von einer unerkennbaren, allmächtigen fremden Hand in uns hervorgebracht werden, was die immanente Philosophie verwerfen muß." Nicht so Schopenhauer, der in dieser wichtigsten Angelegenheit der Erkenntnißtheorie folgenden Standpunkt einnimmt: „Daß die Empfindungen der Sinnesorgane auch nur überhaupt eine äußere Ursache haben müssen, beruht auf einem Gesetze, dessen Ursprung nachweislich in uns, in unserm Gehirn liegt, ist folglich zuletzt nicht weniger subjektiv, als die Empfindung selbst." (Vierfache Wurzel 82 u. W. a. W. u. B. II, 13, welch' letztere Stelle schon in der Einleitung zu dieser Schrift citirt wurde.) Hiemit vergleiche man was der „berichtigende" Mainländer sagt, und man wird sich unschwer für ihn, resp. für die Realität der Außenwelt entscheiden: „So gewiß das Causalitätsgesetz in uns, und zwar vor aller Erfahrung, liegt, so gewiß ist auf der anderen Seite die vom Subjekt unabhängige Existenz von Dingen an sich, deren Wirksamkeit den Verstand allererst in Funktion setzt."

Der Verstand kann, da er nicht denkt, diese seine Funktion, das Causalitätsgesetz, nicht erweitern. Aber die Vernunft kann es und liefert uns die beiden a posteriori Verbindungen allgemeine Causalität und Gemeinschaft. Indem die Vernunft die Verstandesfunktion selbst erkennt, legt sie den Weg von der Ursache zur Wirkung zurück und findet, daß Dinge an sich auf das Subjekt wirken. Indem sie ferner den Leib des erkennenden Subjekts zu einem Objekt unter Objekten stempelt, gelangt sie zur allgemeinen Causalität, welche Mainländer in folgende Formel bringt: „Es wirkt Ding an sich auf Ding an sich und jede Veränderung in einem Objekt muß eine Ursache haben, welche der Wirkung in der Zeit vorangeht. Vermittelst der allgemeinen Causalität verknüpft die Vernunft Objekt mit Objekt, d. h. die allgemeine Causalität ist Bedingung der Möglichkeit, das Verhältniß, in dem Dinge an sich zu einander stehen, zu erkennen."

Unter Gemeinschaft oder Wechselwirkung versteht Mainländer das causale Verhältniß, welches die Wirksamkeit aller Dinge an sich umfaßt. „Dieselbe besagt, daß jedes Ding continuirlich, direkt und indirekt, auf alle anderen Dinge der Welt wirkt, und daß gleichzeitig auf dasselbe alle anderen continuir=lich, direkt und indirekt, wirken, woraus folgt, daß kein Ding an sich eine absolut selbständige Wirksamkeit haben kann." Wie der allgemeinen Causalität auf realem Gebiete die vom Subjekt un=abhängige Einwirkung der Dinge an sich gegenüber steht, so ist die Gemeinschaft die Bedingung der Möglichkeit, den realen dyna=mischen Zusammenhang des Weltalls zu erfassen, der auch ohne ein erkennendes Subjekt vorhanden sein würde.

Im Anschlusse an die Causalitätsbegriffe mag das Noth=wendigste über die Causalitätsreihen gesagt werden. Auf Grund der allgemeinen Causalität können wir zwar die Ein=wirkung von Objekt auf Objekt erkennen, wir finden aber:

1) daß die Anwendung der allgemeinen Causalität immer von den Dingen an sich ableitet,

2) daß Causalitätsreihen immer nur die Verknüpfung von Wirksamkeiten der Dinge an sich sind, niemals also die Dinge selbst als Glieder in sich enthalten.

Hieraus folgt, daß die Frage, was die Ursache irgend eines Dinges an sich in der Welt sei, nicht nur nicht gestellt werden darf, sondern überhaupt gar nicht gestellt werden kann. Versuchen wir ferner, irgend eine Causalitätsreihe zu verfolgen, so ergibt sich deutlich, daß es „ebenso schwer ist, richtige Causalreihen zu bilden, als es im ersten Augenblicke leicht zu sein scheint, ja daß es für das Subjekt ganz unmöglich ist, von irgend einer Veränderung aus=gehend, eine richtige Causalreihe a parte ante herzustellen, welche einen ungehinderten Fortgang in indefinitum hätte." Demnach kann die sogenannte unendliche Causalreihe weder als Waffe gegen noch für die Beweise vom Dasein Gottes gebraucht werden, indem die allgemeine Kausalität nie in die Vergangenheit der Dinge an sich führt. Das Mittel, um in die Vergangenheit der Dinge eindringen zu können, sind vielmehr Entwicklungsreihen, wie sie mit Hülfe der Zeit entstehen. „Causalitätsreihen sind die ver=kettete Wirksamkeit nicht eines, sondern vieler Dinge; Entwicklungs=reihen dagegen haben es mit dem Sein eines Dinges an sich und seinen Modificationen zu thun. Dieses Resultat ist sehr wichtig."

Mainländer's Erklärung der causalen Verhältnisse ist ein evidentes Beispiel für die außerordentliche Gründlichkeit, mit der er seine Untersuchungen führt.

Bevor wir jetzt dazu übergehen, die bisher aufgestellten Grund=begriffe übersichtlich zu ordnen, muß noch besonders hervorgehoben werden, daß Mainländer die von Schopenhauer mit Kant's transscendentaler Analytik verworfene Synthesis, die verbindende Thätigkeit der Vernunft, wieder zu Ehren brachte: „die Syn=thesis ist eine apriorische Funktion des Erkenntnißvermögens und als solche eine Bedingung a priori der Möglichkeit der Anschauung. Ihr steht, vollkommen unabhängig von ihr, die Einheit des Dinges an sich gegenüber, welche sie zwingt, in einer ganz bestimmten Weise zu verbinden."

Auch muß betont werden, daß Mainländer den Begriff „Geist", mit welchem Worte nach Schopenhauer „in der Regel kein deutlicher Begriff verbunden wird", präcisirt hat: „Sämtliche Erkenntnißvermögen sind, zusammengefaßt, der menschliche Geist, so daß sich folgendes Schema ergibt:

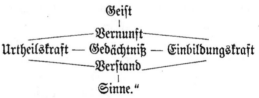

Geist
|
Vernunft
Urtheilskraft — Gedächtniß — Einbildungskraft
Verstand
|
Sinne."

In der folgenden Übersicht sind die apriorischen Formen und Functionen des Erkenntnißvermögens in der Reihenfolge geordnet, wie sie zur Anwendung kommen, wenn ein Sinneseindruck statt=gefunden hat.

Apriorische Formen und Functionen des Erkennt=nißvermögens:	Bestimmungen des Dinges an sich auf realem Gebiete:
Causalitätsgesetz,	Wirksamkeit überhaupt,
Punkt=Raum,	Wirksamkeitssphäre,
Materie,	Kraft,
Synthesis,	Individualität, (Einheit d. Dinges an sich),
Gegenwart.	Punkt der Bewegung.

Ideale Verbindung der Vernunft a posteriori:

Allgemeine Causalität,	Einwirkung eines Dinges an sich auf ein anderes,
Gemeinschaft,	Dynamischer Zusammenhang des Weltalls,
Substanz,	Collektiv-Einheit der Welt,
Zeit,	Reale Succession,
Mathematischer Raum.	Absolutes Nichts.

Der mathematische Raum ist die einzige Verbindung, welche das Ding an sich nicht bestimmen hilft. Daher steht ihm auf realem Gebiete das absolute Nichts gegenüber.

Die obige Gegenüberstellung enthält den Schlüssel zur Lösung des Räthsels des transscendentalen oder kritischen Idealismus, der die Welt für phänomenal erklärt, obgleich die Realität sich bewegender Individuen, die in einem dynamischen Zusammenhange stehen, nimmermehr geleugnet werden kann. Die Lösung ist diese: Die sämmtlichen apriorischen und a posteriori gewonnenen Formen und Functionen des Erkenntnißvermögens sind nicht für die Erzeugung der Außenwelt aus nichts da, sondern lediglich für die Erkennbarkeit derselben. Man muß lange unter dem Drucke des Kant-Schopenhauer'schen Idealismus geschmachtet haben, um sich an der über allen Zweifel erhabenen Wahrheit dieser Mainländer'schen Weltanschauung so recht stärken zu können. Von ihr allein gilt der Ausspruch Schopenhauer's: „Das vollendete System des Kriticismus wird die letzte und wahre Philosophie sein" (Handschriftl. Nachlaß 298).

In die Analytik des Erkenntnißvermögens gehören noch die folgenden tiefsinnigen Schlüsse.

Der einzige Weg, der in die Vergangenheit der Dinge führt, nämlich die Aufstellung von Entwicklungsreihen, lehrt uns, alle organischen Kräfte auf die einfachen chemischen Kräfte (Kohlenstoff, Sauerstoff, Phosphor, u. s. w.) zurückzuführen. Dabei können wir jedoch auf immanentem Gebiete niemals über die Vielheit hinaus, wenn es auch der Chemie gelingen wird, die Zahl der einfachen Kräfte bedeutend zu reduciren. Andererseits weist die Vernunft auf die Nothwendigkeit einer einfachen Einheit hin, indem sie ihre Function, das mannigfaltige Gleichartige zu verbinden, auf die verschiedenartige Wirksamkeit der im tiefsten Grunde wesensgleichen Kräfte anwendet. In diesem Dilemma gibt es nur einen Ausweg: „In der Vergangenheit befinden wir uns bereits. So lassen wir denn die letzten Kräfte, die wir nicht anrühren dürfen, wenn wir nicht Phantasten werden wollen, auf transcendentem Gebiete zusammenfließen. Es ist ein vergangenes, gewesenes, untergegangenes Gebiet, und mit ihm ist auch die einfache Einheit vergangen und untergegangen."

Im Vollbewußtsein von der Bedeutung dieses Schlusses sagt Mainländer a. a. O.: „Die Scheidung des immanenten vom transscendenten Gebiete ist meine That und mein Trost im Leben und Sterben."

Das Wesen der untergegangenen Einheit ist für uns schlechterdings unerkennbar. Wir können es nur negativ bestimmen, als ausdehnungslos, bewegungslos, zeitlos (ewig) u. s. w. Das einzige positive Prädikat, das wir ihr jedoch beilegen müssen, ist das der Existenz; denn eine Entstehung des immanenten Gebietes aus dem absoluten Nichts ist unserer Vernunft zu denken unmöglich. Demnach ergibt sich:

1) „daß sämmtliche Entwicklungsreihen einen Anfang haben, (was übrigens schon aus dem Begriff Entwicklung mit logischer Nothwendigkeit folgt);

2) „daß es deshalb keine unendlichen Causalreihen a parte ante geben kann;

3) „daß alle Kräfte entstanden sind; denn was sie auf transscendentem Gebiete, in der einfachen Einheit, waren, das entzieht sich völlig unserer Erkenntniß. Nur das können wir sagen, daß sie die bloße Existenz hatten." —

Im weiteren Verlaufe seiner Untersuchungen beweist Mainländer auf Grund der früher gewonnenen Einsichten mit unerbittlicher Logik die Endlichkeit des Weltalls, d. i. die Endlichkeit eines allein noch existirenden immanenten Gebietes.

Die letzte Frage, die in der Analytik gestellt werden kann, bezieht sich auf das Wesen der Kraft, des Dinges an sich. Dieses kann allein auf dem Wege nach Innen, im Selbstbewußtsein, erfaßt werden und entschleiert sich hier, Schopenhauer's

großer Lehre zu Folge, als der Wille zum Leben. Im Wider=
spruch mit Schopenhauer lehrt aber Mainländer: „Dieser
Wille ist eine sich entwickelnde Individualität, was identisch ist
mit der von außen gefundenen sich bewegenden Wirksamkeitsphäre.
Aber er ist durch und durch frei von Materie. Dieses un=
mittelbare Erfassen der Kraft auf dem Wege nach innen als frei
von Materie betrachte ich als Siegel, das die Natur unter meine
Erkenntnißtheorie drückt. Nicht der Raum, nicht die Zeit unter=
scheiden das Ding an sich vom Objekt, sondern die Materie allein
macht das Objekt zu einer bloßen Erscheinung, die mit dem er=
kennenden Subjekt steht und fällt.“

III.
Physik.

Die Naturwissenschaften haben noch ein
weites Arbeitsfeld vor sich; aber sie müssen
und werden zu einem Abschlusse kommen.
Die Natur kann ergründet werden, denn
sie ist rein immanent, und nichts Transscendentes, was immer auch sein Name sei,
greift, coexstirend mit ihr, in sie ein.

Mainländer.

Wie ermuthigend muß solch ein Wort, wie das im vorstehenden Motto ausgesprochene, auf die Naturforscher wirken! Es wäre
aber auch zu trostlos und unsinnig, wenn diese, indem sie immer
nur neuen Ursachen auf die Spur kämen, sich in einem circulus
vitiosus bewegten; wenn sie stets nur an der Schale der Natur
sich abarbeiten müßten, ohne je zu ihrem Kern zu gelangen.

Mainländer nimmt zum Grundstein der Physik den in
der Analytik gewonnenen realen individuellen Willen zum
Leben. „Wir haben ihn im innersten Kern unseres Wesens erfaßt
als das der (von außen erkennbaren) Kraft zu Grunde Liegende, und
da alles in der Natur ohne Unterlaß wirkt, Wirksamkeit aber Kraft
ist, so sind wir zu schließen berechtigt, daß jedes Ding an sich
individueller Wille zum Leben ist." Da dem Willen zum
Leben nur ein einziges echtes Prädikat zukommt, nämlich die
Bewegung, andererseits aber ein Blick in die Natur die verschiedenartigsten individuellen Willen zeigt, so muß sich der Unterschied in
der Art ihrer Bewegung offenbaren. Die gründliche Untersuchung
der verschiedenen Bewegungsarten, sowie das im Zusammenhange
damit gewonnene große Gesetz von der Schwächung der Kraft
bilden Mainländer's Hauptverdienst auf dem Gebiete der Physik.

Die erste allgemeine Eintheilung der Natur auf Grund der Verschiedenartigkeit der Bewegung gewinnt Mainländer wie folgt: „Hat
der individuelle Wille eine einheitliche ungetheilte Bewegung, weil er

selbst ganz und ungetheilt ist, so ist er als Objekt ein unorganisches Individuum. Selbstverständlich ist hier nur vom Trieb, von der inneren Bewegung innerhalb einer bestimmten Individualität, die Rede. Hat der Wille dagegen eine resultirende Bewegung, welche daraus entsteht, daß er sich gespalten hat, so ist er als Objekt ein Organismus. Der ausgeschiedene Theil heißt Organ. Die Organismen unterscheiden sich dann auf folgende Weise von einander: Ist die Bewegung der Organe nur Irritabilität, die lediglich auf äußere Reize reagirt, so ist der Organismus eine Pflanze. Die resultirende Bewegung ist Wachsthum. Ist ferner der individuelle Wille derartig theilweise in sich auseinander-getreten, daß ein Theil seiner Bewegung sich gespalten hat in ein bewegtes und ein bewegendes, in ein gelenktes und einen Lenker, oder mit anderen Worten in Irritabilität und Sensibilität, welche zusammengenommen wieder den ganzen Theil der Be-wegung bilden, so ist er als Objekt ein Thier."

„Ist schließlich durch eine weitere Spaltung der restlichen ganzen Bewegung das Denken in Begriffen im individuellen Willen entstanden, so ist er ein Mensch. Die resultirende Be-wegung zeigt sich beim Thier, wie beim Menschen, als Wachsthum und willkürliche Bewegung."

Nach weiterer Erklärung dieser Principien kann Mainländer dann den Willen zum Leben definiren „als einen ursprünglich blinden, heftigen Drang oder Trieb, der durch Spaltung seiner Bewegung erkennend, fühlend und selbstbewußt wird."

Darauf führt Mainländer das viel gebrauchte und miß-brauchte Wort „Idee" ein und verbindet damit die folgenden be-stimmten Begriffe: „Insofern der individuelle Wille zum Leben unter dem Gesetze einer der angeführten Bewegungsarten steht, offenbart er sein Wesen im Allgemeinen, welches ich, als solches, seine Idee im Allgemeinen nenne. Somit haben wir

1) die chemische Idee,
2) die Idee der Pflanze,
3) die Idee des Thieres,
4) die Idee des Menschen.

Insofern aber vom besonderen Wesen eines individuellen Willens zum Leben die Rede ist, von seinem eigenthümlichen Charakter, der Summe seiner Eigenschaften, nenne ich ihn Idee schlechthin,

und haben wir mithin genau ebensoviele Ideen, als es Indivi=
duen in der Welt gibt. Die immanente Philosophie legt den
Schwerpunkt der Idee dahin, wo ihn die Natur hinlegt: nämlich
in das reale Individuum, nicht in die Gattung, welche nichts An=
deres, als ein Begriff, wie Stuhl und Fenster, ist, oder in eine
unfaßbare erträumte transscendente Einheit in, über oder hinter der
Welt und coexistirend mit dieser.“

Aus der näheren Betrachtung der Ideen im Allgemeinen, die
Mainländer in umgekehrter obiger Reihenfolge vornimmt, weil wir
die Idee des Menschen am unmittelbarsten erfassen, können hier
nur sporadische Gedanken mitgetheilt werden.

„Der menschliche Leib ist Objekt, d. h. er ist die durch die
Erkenntnißformen gegangene Idee Mensch. Unabhängig vom
Subjekt ist der Mensch reine Idee, individueller Wille.“ Der
Hauptbestandtheil des menschlichen Organismus, das Ursprüngliche
desselben, ist das Blut. Es ist die Objektivation unseres innersten
Wesens, des Dämons, der im Menschen dieselbe Rolle, wie der
Instinkt im Thiere spielt. Aus dem Blute sind Nerven (Sensibili=
tät) und Muskeln (Irritabilität) als Organe ausgeschieden worden.
Alles Andere ist Nebensache. „Jedes Organ ist Objektivation
einer bestimmten Bestrebung des Willens, die er als Blut nicht
ausüben, sondern nur aktuiren kann. So ist das Gehirn die
Objektivation der Bestrebung des Willens, die Außenwelt zu er=
kennen, zu fühlen und zu denken; so sind die Verdauungs= und
Zeugungsorgane die Objektivation seines Strebens, sich im Da=
sein zu erhalten u. s. w.“

Des Menschen Individualität ist „geschlossenes Fürsichsein“
oder Egoismus. Der menschliche Wille will, wie Alles in der
Welt, im Grunde zunächst das Dasein schlechthin. Aber dann
will er es auch in einer bestimmten Weise, d. h. er hat einen
Charakter, dessen allgemeinste Form das Temperament ist.
Innerhalb des Temperaments befinden sich die Willensqualitäten:
Neid — Wohlwollen, Grausamkeit — Barmherzigkeit, Falschheit —
Treue u. s. w. „Die Willensqualitäten sind als Gestaltungen des
Willens zum Leben überhaupt anzusehen. Sie sind sämmtlich dem
Egoismus entsprossen, und da jeder Mensch Wille zum Leben ist,
den der Egoismus gleichsam umschließt, so liegt auch in jedem
Menschen der Keim zu jeder Willensqualität. Die Willensquali=

täten sind Einritzungen zu vergleichen, welche sich zu Kanälen er=
weitern können, in die der Wille beim geringsten Anlaß fließt.
Doch muß bereits hier bemerkt werden, daß der menschliche Wille
schon als Charakter ins Leben tritt. Bleiben wir bei unserem
Bilde, so zeigt bereits der Säugling, neben bloßen Einritzungen,
große Vertiefungen; die ersteren können aber verbreitert und vertieft,
die letzteren verengert und verflacht werden."

Von den Willensqualitäten unterscheidet Mainländer die
Zustände des Willens, was Schopenhauer unterlassen hat.
Die Zustände des Willens (Freude und Trauer, Muth und Furcht.
Liebe und Haß u. s. w.) sind „gefühlte Bewegungen" und Modifi=
cationen eines Grundzustandes, des normalen Lebensgefühles. Die
Umwandlung des normalen Zustandes ruft der Wille unter An=
regung eines entsprechenden Motivs hervor. Die überaus treffende
Kennzeichnung der einzelnen Zustände gibt Mainländer weiterhin
Gelegenheit, die verwandten Erscheinungen des Rausches, des Schla=
fes, des Weinens, der mannigfaltigen Kälte= und Wärmeempfin=
dungen u. s. w. zu besprechen.

Von höchstem Interesse sind natürlich die Aufschlüsse, die uns
der große Philosoph über die Bedeutung der geschlechtlichen Zeu=
gung und des Todes des Menschen gibt. Das in Folge einer Be=
fruchtung bei der Begattung entstehende neue Individuum ist „nichts
Anderes, als eine Verjüngung der Eltern, ein Weiterleben,
eine neue Bewegung derselben. Nichts kann in ihm sein, was nicht
in den Eltern war. Daß in Kindern Charakterzüge, Natur, Haar=
und Augenfärbe der Großeltern hie und da hervorbrechen, findet
seine Erklärung darin, daß eine gebundene Willensqualität durch
günstige Umstände wieder frei werden und sich offenbaren kann.
Diese so einfachen Verhältnisse, die nur der nicht sieht, welcher
sie nicht sehen will, werden von vielen gewaltsam zu durch und
durch geheimnißvollen gemacht. Bald soll die unbegreifliche macht=
volle Gattung sich beim Zeugungsgeschäfte bethätigen, bald soll ein
außerweltliches Princip die Natur des Kindes bestimmen, bald soll
der Charakter des Neugeborenen total qualitätslos sein. Die ober=
flächlichste Beobachtung muß zur Verwerfung aller dieser Hirnge=
spinnste und zur Erkenntniß führen, daß die Eltern in den Kindern
weiterleben. Auf der Verschiedenartigkeit der Zustände der Eltern

in der Begattung, wobei auch das Alter einfließt, beruht auch die Verschiedenartigkeit der Kinder."

Stirbt ein Organismus, so zerfällt der Typus, welcher während des Lebens, im Wechsel beharrend, sich die ihn constituirenden einfachen chemischen Ideen assimilirte und wieder ausschied. „Vor einem Leichnam stehend, hat der immanente Philosoph die Frage an die Natur zu stellen: Ist die Idee vernichtet oder lebt sie fort? Die Natur wird immer antworten: Sie ist todt, wenn das Individuum sich nicht durch die Zeugung verjüngt hat, und sie lebt, wenn es auf Kinder blickte. Die Antwort befriedigt ihn nicht nur, sondern ihr erster Theil ist auch für Einige, deren Charakter man als Thatsache hinnehmen muß, das Trosteswort der Trostesworte und wird es einst für Alle werden." A. a. O. sagt Mainländer mit Bezug auf diese Antwort der Natur: „Ein anderes Zeugniß gibt die Natur nicht ab, weil sie nicht kann. Es ist ein Zeugniß von der allergrößten Wichtigkeit, das nur ein verdunkelter Geist verdrehen kann."

Das Thier ist, wie der Mensch, eine untrennbare Verbindung eines bestimmten Willens mit einem, aus diesem herausgetretenen, bestimmten Geiste (Intellekte). Mainländer spricht den höheren Thieren Vernunft zu, d. h. die Fähigkeit zu verbinden. Sie können in Bildern, nicht in Begriffen denken. Der Hauptunterschied, der zwischen Mensch und Thier besteht, ist auf die schwache Einbildungs- und schwache Urtheils-Kraft des Thieres zurückzuführen. „Je mehr man im Thierreich herabsteigt, desto einfacher erscheint, durch das immer ungünstiger sich gestaltende Verhältniß der Intelligenz zum Willen und den immer simpler werdenden Geist, der individuelle Wille. Ganze Sinne fehlen, die Formen des Verstandes verkümmern, seine Function wird immer seltener sollicitirt, und die höheren Erkenntißvermögen fallen schließlich ganz fort." —

„Die Pflanze hat eine resultirende Bewegung. Es sind zwei ganze Theilbewegungen, welche zu einer resultirenden sich zusammenschließen. Nicht wie beim Thier hat sich die eine Theilbewegung nochmals gespalten, sondern ist ganz geblieben und deshalb hat die Pflanze keine Sensibilität und ist bar aller die Sensibilität begleitenden Erscheinungen.

„Die pflanzliche Irritabilität enthält also gleichsam noch die Sensibilität und ist mithin wesentlich von der thierischen unterſchieden. Sie reagirt unmittelbar auf den äußeren Reiz und wird dabei von der urſprünglichen, reſtlichen ganzen Bewegung actuirt."

Das Merkmal der unorganiſchen oder chemiſchen Ideen iſt die ungetheilte Bewegung. „Nichts kann verkehrter ſein, als einer chemiſchen Idee das Leben abzuſprechen. In demſelben Augenblicke, wo ein Stück Eiſen z. B. ſeine innere Bewegung, die doch das einzige Merkmal des Lebens iſt, verlöre, würde es nicht etwa zerfallen, ſondern thatſächlich zu Nichts werden." Die ſoge= nannten phyſikaliſchen Eigenſchaften der Körper des unorganiſchen Reiches, wie Ausdehnbarkeit, Härte, Sprödigkeit u. ſ. w., nach Scho= penhauer die unterſten Objektivationen des Willens, ſind nach Mainländer keine ſelbſtändigen Kräfte, ſondern beſtimmen nur das Weſen der chemiſchen Ideen näher. Sie werden am Objekt (dem durch die ſubjektiven Formen gegangenen Ding an ſich) abgeleſen und mit Recht auf den Grund der Erſcheinung bezogen. Unab= hängig von einer chemiſchen Idee ſind ſie nicht einmal denkbar: ſie ſtehen und fallen mit ihr.

Es folgen Betrachtungen über die Beſchaffenheit unſerer Erde, die Conſtitution des Weltalls und die Bewegung der Himmels= körper. Mainländer adoptirt die Hypotheſe Franklin's, nach welcher der Kern der Erde von außerordentlich comprimirten Gaſen erfüllt iſt, auf welchen flüſſige Körper ſchwimmen, die ihrerſeits von der feſten Erdrinde umſchloſſen ſind. Während in Betreff Main= länder's hochintereſſanter Hypotheſe über die Bewegung der Him= melskörper, die er als eine Folge der erſten Bewegung, (des Zerfalles der transcendenten Einheit in die immanente Vielheit) dar= ſtellt, auf ſein Werk verwieſen werden muß, mag hier eine wichtige Bemerkung über die Conſtitutic̨n des Weltalls Platz finden: „Das jetzige Weltall iſt gar nicht anders denkbar, denn als eine endliche, aber für unſeren Geiſt unermeßlich große Kugel mit einer flüſſigen oder außerordentlich leichten feſten Schale, innerhalb welcher jedes unorganiſche Individuum gehemmt iſt, das Ziel ſeines Strebens zu erreichen." Jenſeits dieſer Schale befindet ſich das abſolute Nichts, beziehungsweiſe der unendliche mathematiſche Raum, ein Phantaſiegebilde unſeres Kopfes.

Darauf ſchreitet Mainländer zur Begründung des Geſetzes von der Schwächung der Kraft. Seit der Entſtehung der

Welt, die mit der erften Bewegung, dem Zerfalle der einfachen
Einheit in die Vielheit, Eines und Dasfelbe ift, ſind die individuellen
Willen in unaufhörlichem Streite mit einander begriffen. Das
Refultat dieſes Streites war in den erften Perioden der Welt die
Entſtehung von chemiſchen Verbindungen aus den einfachen Stoffen.
Später bildeten ſich Weltkörper, von denen unſere Erde allmälig
reif wurde für das organiſche Leben. Nun gilt allgemein: Wenn
im Kampfe der Ideen eine derſelben geſchwächt wird, „ſo ift die
im Weltall objektivirte Kraftſumme geſchwächt, und für dieſen
Ausfall gibt es keinen Erſatz, weil eben die Welt endlich ift und
mit einer beſtimmten Kraft in das Daſein trat.“ Die Urkunden,
aus denen indirekt die Wahrheit geſchöpft wird, daß im Kampfe
um's Daſein die Individuen ſich zwar vervollkommnen und immer
höhere Stufen der Organiſation erklimmen, aber dabei ſch wäch er
werden, ſind die Geologie für das unorganiſche Reich und die Pa-
läontologie für das organiſche. Für die Schwächung der menſch=
lichen Organismen erbringt Mainländer in ſeiner Politik auch
den birekten Beweis. Im Anſchluſſe an das aufgeſtellte Geſetz von
der Schwächung der Kraft zeigt Mainländer, daß zwiſchen dem
unorganiſchen und dem organiſchen Reich keine unausfüllbare Kluft
beſteht, daß vielmehr „das organiſche Reich nur eine höhere Stufe
des unorganiſchen ift, eine voll kommenere Form für den Kampf
um's Daſein, d. h. für die S ch wächung der Kraft.“ Ein
anderer Unterſchied zwiſchen beiden Reichen ergibt ſich noch in der
Metaphyſik.

Indem die immanente Philoſophie das organiſche Reich auf
das unorganiſche zurückführt, lehrt ſie zwar daſſelbe wie der Materialismus, ift aber von dieſem dennoch himmelweit verſchieden. Es
ift hier der geeignete Ort, um auf den zwiſchen beiden beſtehenden
Fundamental=Unterſchied hinzuweiſen. Der Materialismus ift kein
immanentes und baher eo ipso nicht rationelles Syſtem. Denn
ſowohl die reale unterſchiedsloſe Materie, die „noch Niemand geſehen
hat und auch Niemand je ſehen wird“, als auch die derſelben
inhärirenden Naturkräfte ſind myſtiſche Weſenheiten. Die imma=
nente Philoſophie hingegen lehrt als einziges reales Prineip in
der Welt den individuellen Willen, eine erkennbare Kraft. Die
Materie ift nach ihr ideal, in unſerem Kopfe, eine ſubjektive Fähig=
keit für die Erkenntniß der Außenwelt. „Während alſo der Ma=

terialismus transscendenter dogmatischer Dualismus ist, ist die im=
manente Philosophie reiner immanenter Dynamismus: ein
Unterschied, wie er größer nicht gedacht werden kann."

Ein anderes Hauptgebrechen des Materialismus besteht darin,
daß er es zu keiner Ethik bringen kann, weil er zwar Veränder=
ungen in der Welt, aber keinen Verlauf der Welt kennt. Main=
länder bezeichnet den Materialismus als ein absurdes, durchaus
unhaltbares philosophisches System, macht aber einmal auch die
folgende, seine große Objektivität und seinen weiten Blick bekundende
Bemerkung: „Der Materialismus ist eine sehr wichtige und segens=
reiche historische Form auf geistigem Felde. Er ist einer Säure
zu vergleichen, die allen Schutt der Jahrtausende, alle Überreste
zersprungener Formen, allen Aberglauben zerstört, das Herz des
Menschen zwar unglücklich macht, aber den Geist dafür reinigt. Er
ist, was Johannes der Täufer für Christus war, der Vor=
läufer der echten Philosophie, zu der der geniale Nachfolger
Kant's, Schopenhauer, den Grund gelegt hat."

Nach der Erläuterung des für Materialisten freilich unan=
nehmbaren Gesetzes von der Schwächung der Kraft wendet sich
Mainländer zum Problem vom Verhältniß des Einzelwesens
zur Gesammtheit, zur Welt. Man kann, wie er sagt, dies Problem
für das wichtigste in der ganzen Philosophie erklären. „Seither,
ehe das transscendente Gebiet vom immanenten geschieden war, und
zwar derartig, daß ersteres für vorweltlich allein existirend,
dieses für jetzt allein existirend erklärt wurde, fällte man mit
Recht das disjunktive Urtheil: entweder ist das Individuum selb=
ständig, dann ist der influxus physisus (der dynamische Zusammen=
hang) unmöglich, oder es ist nicht selbständig, dann ist der influxus
physicus die Wirksamkeit irgend einer einfachen Substanz." Da
nun die Erfahrung jedem treuen Naturbeobachter die Abhängigkeit
des Individuums vom dynamischen Zusammenhang der Welt lehrt,
so scheint es, als ob die Selbstherrlichkeit des Individuums un=
rettbar verloren sei. „Gelingt es uns dagegen, den individuellen
Willen, die Thatsache der inneren und äußeren Erfahrung, zu
retten, — dann ist aber auch der logische Zwang da, definitiv und
für immer mit allen transscendenten Hirngespinnsten zu brechen, sie
mögen nun auftreten in der Hülle des Monotheismus, oder Pan=

theismus, oder Materialismus; dann ist — und zwar zum ersten
male — der Atheismus wissenschaftlich begründet."

Das Problem kann in der Physik nur zur Hälfte gelöst
werden: „Wenn wir auf immanentem Gebiete nur individuellen
Willen finden und die Welt nichts Anderes ist, als eine Collektiv-
Einheit dieser Individuen, so sind dieselben dennoch nicht durchaus
selbständig, da sie vorweltlich eine einfache Einheit waren
und die Welt die That dieser Einheit gewesen ist. So liegt, gleichsam wie ein Reflex, über der Welt der Vielheit die vorweltliche
Einheit, so umschlingt gleichsam alle Einzelwesen Ein unsichtbares,
unzerreißbares Band, und dieser Reflex, dieses Band, ist der dynamische Zusammenhang der Welt. Jeder Wille wirkt auf alle
anderen direkt und indirekt, und alle anderen Willen wirken auf ihn
direkt und indirekt, oder alle Ideen sind in „durchgängiger Wechselwirkung." So haben wir denn das zur Hälfte sebständige Individuum, halb aktiv aus eigener Kraft, halb leidend durch die anderen Ideen. Es greift in die Entwicklung der Welt selbstherrlich
ein, und die Entwicklung der Welt greift in seine Individualität."
Die Ergänzung dieses unbefriedigenden Ergebnisses der halben
Selbstherrlichkeit erringt sich Mainländer in der Metaphysik.

Es folgt die Bestimmung der einfachen Einheit vom
Standpunkte der Physik aus. Im Gegensatz zur Bewegung
und Nothwendigkeit, den Prädikaten der immanenten Welt der
Vielheit, muß der untergegangenen transscendenten einfachen
Einheit Ruhe und Freiheit zugesprochen werden. Da ferner
Wille und Geist lediglich Principien des immanenten Gebietes
sind, so muß erkärt werden, „daß die einfache Einheit weder Wille
noch Geist, noch ein eigenthümliches Ineinander von Wille
und Geist war."

„Jetzt haben wir das Recht, diesem Wesen den bekannten
Namen zu geben, der von jeher Das bezeichnete, was keine Vor-
stellungskraft, kein Flug der kühnsten Phantasie, kein abstraktes noch
so tiefes Denken, kein gesammeltes, andachtsvolles Gemüth, kein ent-
zückter, erdentrückter Geist je erreicht hat: Gott. Aber diese einfache Einheit ist gewesen; sie ist nicht mehr. Sie hat sich, ihr
Wesen verändernd, voll und ganz zu einer Welt der Vielheit zer-
splittert. Gott ist gestorben und sein Tod war das Leben
der Welt. Hierin liegen für den besonnenen Denker zwei Wahr-

heiten, die den Geist tief befriedigen und das Herz erheben. Wir haben erstens ein reines immanentes Gebiet, in oder hinter oder über welchem keine Kraft wohnt, man nenne sie, wie man wolle, die, wie der verborgene Direktor eines Puppentheaters die Puppen, die Individuen bald dieses, bald jenes thun lasse. Dann erhebt uns die Wahrheit, daß Alles, was ist, vor der Welt in Gott existirte. Wir existirten in ihm: kein anderes Wort dürfen wir gebrauchen."

Endlich leitet Mainländer aus der ursprünglichen Einheit und ihrer einzigen That, dem Zerfall in die Vielheit, die Zweck=mäßigkeit in der Welt, sowie den Entwicklungsgang des Welt=alls ab. „Jeder gegenwärtige Wille erhielt Wesen und Bewegung in dieser einheitlichen That, und deshalb greift alles in der Welt ineinander: sie ist durchgängig zweckmäßig veranlagt."

Alle Bewegungen, welche der ersten Bewegung folgten, sind nur ihre Fortsetzungen. „Das Schicksal des Weltalls ist nichts Anderes, als das Werden der Welt, die Bewegung der orphischen Conjunktur, die Resultirende aus allen Einzelbewegungen." Die nähere Bestimmung des Schicksals erfolgt in den späteren Ab=schnitten.

Mainländer schließt die Physik, indem er den indivi=duellen Willen zum Leben und das vom „Spuk transscen=denter Wesenheiten total befreite" immanente Gebiet als zwei Ge=schenke bezeichnet, die er dem treuen und redlichen Naturforscher in die Hand drücke: „Wie ruhig sich darauf arbeiten lassen wird!"

IV.

Äſthetik.

Die Äſthetik ſollte als Vignette einen
See tragen, in dem ſich ſchöne Bäume, der
blaue Himmel und das Tagesgeſtirn ſpie-
geln: verklärt, ruhevoll.

Mainländer.

„Die Äſthetik handelt von einem beſonderen Zuſtande des
menſchlichen Willens, den eine beſondere Auffaſſungsart der
Ideen hervorruft.“ Der in Rede ſtehende beſondere Zuſtand be-
fähigt den Menſchen zur deutlichen und klaren Spiegelung des
Objekts. Die Bedingung hiefür iſt, daß ſeine Relation zum Objekt eine Veränderung erfahre: er muß zu ihm in eine vollkommen
intereſſeloſe Beziehung treten. Der Schopenhauer'ſchen
Lehre entgegen, nach welcher ein Hauptbeſtandtheil der äſthetiſchen
Betrachtungsweiſe das Selbſtbewußtſein des Erkennenden als reinen
willenloſen Subjekts der Erkenntniß iſt, ſagt Mainländer:
„Der äſthetiſche Zuſtand beruht nicht auf einer Befreiung des
Geiſtes vom Willen, was widerſinnig und ganz unmöglich iſt, ſondern auf der Begierdeloſigkeit des Dämons, die immer dann vorhanden iſt, wann, phyſiologiſch ausgedrückt, das Blut ruhig fließt.
Dann acturt es vorzugsweiſe das Gehirn, der Wille verſenkt ſich
gleichſam ganz in eines ſeiner Organe und ihn umfängt hier, da
das Organ alle Bewegungen ſpürt, nur nicht die eigene, die Täuſchung, er ruhe vollſtändig.“

Nachdem Mainländer dargethan, daß die Ideen ihr
Weſen im Objekt auf ſehr verſchiedene Weiſe äußern und daß auch
Töne und Worte Objekte ſind, wie alles Andere, fährt er fort:
„Die Objektivation einer Idee in Tönen und Worten iſt aber ſo
vollkommen, daß der Wille des objektivirenden Zuhörers von der
Bewegung ergriffen wird und mitſchwingt, während die einfache

Betrachtung der Form und Gestalt eines Objekts dieselbe Wirkung nicht auf das ästhetisch gestimmte Subjekt ausübt."

M a i n l ä n d e r unterscheidet demgemäß z w e i H a u p t = arten des ästhetischen Zustandes:

1) die ästhetische Contemplation und
2) das ästhetische Nachfühlen oder ästhetische Mitgefühl.

In den echten Zustand der tiefen Contemplation, in welchem es dem Willen ist, als sei er plötzlich bewegungslos geworden, können uns nur völlig ruhige Gegenstände versetzen. Am leichtesten thut dies die ruhige Natur. Im ästhetischen Nachfühlen vibrirt unser Wille leise mit, wie die Saite, welche neben einer tönen= den liegt.

An diese zwei Hauptarten des ästhetischen Zustandes schließt sich eine Doppelbewegung an: die ä s t h e t i s c h e B e g e i s t e r u n g. Ihr erster Theil ist entweder die ästhetische Contemplation, oder das ästhetische Mitgefühl, ihr zweiter Theil dagegen entweder Freude, Jubel oder Muth, Hoffnung, Sehnsucht oder eine sehr leidenschaft= liche Erregung des Willens. Tritt sie als Verbindung eines der genannten Zustände mit dem ästhetischen Mitgefühl auf, so wird die Wirksamkeit der Nerven deutlich als kalte Überläufe empfunden.

Nach dieser fruchtbringenden Erklärung der Abarten des ästhe= tischen Zustandes wendet sich M a i n l ä n d e r zur Betrachtung des Schönen und scheidet, was S c h o p e n h a u e r unterlassen, dasselbe in:

1) Das Subjektiv=Schöne;
2) den Grund des Schönen im Ding an sich;
3) das schöne Objekt.

Das Subjektiv=Schöne, das man auch das Formal=Schöne nennen kann, beruht auf apriorischen Formen und Functionen des Subjekts, resp. auf Verbindungen der Vernunft auf Grund apriori= scher Formen. Es wird eigetheilt in das Schöne:

1) des (mathematischen) Raumes;
2) der Causalität;
3) der Materie (der Substanz);
4) der Zeit.

Das Formal = Schöne des R a u m e s drückt sich aus in der r e g e l m ä ß i g e n Gestalt und in der Symmetrie, das Formal=Schöne der Causalität in der G r a z i e, das der Materie, resp. Sub= stanz, in der F a r b e n h a r m o n i e und in der R e i n h e i t des

Tones, das Formal=Schöne der Zeit in der regelmäßigen Succession. (Takt und Rhythmus.)

„Der Grund des Schönen ist dasjenige dem Ding an sich Inhärirende, was dem Subjektiv=Schönen entspricht, oder was das Subjekt zwingt, es als schön zu objektiviren. Hieraus fließt von selbst die Erklärung des schönen Objekts. Es ist das Produkt des Dinges an sich und des Subjektiv=Schönen, oder das schöne Ob= jekt ist Erscheinung des im Ding an sich liegenden Grundes des Schönen. Das Verhältniß ist dasselbe, wie das des Dinges an sich zum Objekt in der Vorstellung überhaupt.“

Die Frage nach dem Grund des Schönen im Ding an sich, dem Willen, beantwortet Mainländer bestimmt: Es ist die harmonische Bewegung. Die nähere Erklärung derselben führt auf das Subjektiv=Schöne zurück, das allein im Geiste des Menschen vorhanden ist. Da dieser aber, wie früher gezeigt wurde, nur gespaltene Bewegung ist, so kann gesagt werden, daß das Sub= jektiv=Schöne nichts Anderes ist, als „die nach einer besonderen Richtung hin entwickelte, für alle Bewegungen in der Welt zur Norm und zum Spiegel gewordene einseitig ausgebildete, harmo= nische Bewegung.“

Die Frage: muß jeder Mensch ein schönes Objekt schön finden? ist ohne Zweifel zu bejahen. Denn vorausgesetzt, daß sich der Wille in der Reinheit der ästhetischen Relation erhält, so kann das Subjekt, das ja ganz unter der Nothwendigkeit seiner Natur steht, nur dann irren, wenn es mangelhaft organisirt ist. „Worauf es hier allein ankommt, ist die Ausbildung des sogenannten Schön= heitssinnes (einer Modification der Urtheilskraft), der unbestech= lich, nach den Gesetzen des Subjektiv=Schönen, sein Verdict fällt. Er tritt, wie die Urtheilskraft, in unzähligen Abstufungen auf und kann, wie diese, vervollkommnet werden, welche Abänderungen sich vererben.“ Wie klar folgt hieraus und im Hinblick auf die Be= deutung der Kunst die Nothwendigkeit der Ästhetik als Erziehungs= mittel.

Häßlich ist, was den Gesetzen des Subjektiv=Schönen nicht entspricht. Doch kann auch ein häßliches Objekt, wie überhaupt jedes Objekt, ästhetisch betrachtet werden.

Bezüglich des Erhabenen betont Mainländer zuvör= derst, daß dasselbe nicht neben das Schöne als ein ihm Ähnliches

ober Verwandtes gestellt werden darf, und daß man, da es ein be=
sonderer ästhetischer Zustand ist, stets nur von dem erhabenen
Zustand eines Menschen sprechen sollte. „Er ist eine Doppelbe=
wegung. Zuerst schwankt der Wille zwischen Todesfurcht und
Todesverachtung, mit entschiedenem Übergewicht der letzteren, und
hat die letztere gesiegt, so tritt er in die ästhetische Contemplation
ein. Das Individuum wird von einem Objekt abgestoßen, auf sich
zurückgestoßen und strömt dann in Bewunderung aus."

Das Objekt, welches uns über uns selbst erhebt, ist nie
erhaben. Nur insoferne uns gewisse Objekte leicht erhaben stimmen,
können sie als erhaben bezeichnet und unter diesem Gesichtspunkt
in dynamisch=erhabene und mathematisch=erhabene eingetheilt werden
wie schon Kant gethan.

„Der erhabene Zustand beruht auf der eingebildeten Willens=
qualität Festigkeit oder Unerschrockenheit und entsteht durch Selbst=
täuschung. Ist aber ein Wille wirklich unerschrocken und fest, so
inhärirt die Erhabenheit, welche hier einfach zu definiren ist als
Todesverachtung, dem Ding an sich und man spricht mit
Recht von erhabenen Charakteren." Mainländer unter=
scheidet drei Arten derselben: den Helden, den Weisen und den weisen
Helden. Seine unvergleichliche Charakteristik des weisen Helden
enthält unter Anderm Folgendes: „Der erhabenste Charakter ist der
weise Held. Er steht auf dem Standpunkte des Weisen, erwartet
aber nicht, wie dieser, resignirt den Tod, sondern betrachtet sein
Leben als eine werthvolle Waffe, um für das Wohl der Menschheit
zu kämpfen. Er stirbt mit dem Schwert in der Hand (im figürlichen
oder wirklichen Sinne) für die Ideale der Menschheit, und in jeder
Minute seines Daseins ist er bereit, Gut und Blut für die Realisirung
derselben hinzugeben. Der weise Held ist die reinste Erscheinung
auf unserer Erde, sein bloßer Anblick erhebt die anderen Menschen,
weil sie in der Täuschung befangen sind, sie hätten, eben weil sie
auch Menschen sind, dieselbe Befähigung zu leiden und zu sterben
für Andere, wie er." Darauf beruht, wie Mainländer a. a. O.
sagt, „der tiefergreifende Zauber, den das Christenthum auf Atheisten
ausübt: das Bild des gekreuzigten, für die Menschheit willig in
den Tod gegangenen Heilands wird strahlen und die Herzen er=
heben bis an das Ende der Zeit." —

Den dem erhabenen Zustande verwandten Humor, sowie das

Komische in allen seinen mannigfachen Verzweigungen behandelt Mainländer viel eingehender als Schopenhauer. —

Ehe sich Mainländer zur Betrachtung der Künste wendet, bespricht er einige natürliche Objekte, auf welche der Mensch den Gesetzen des Subjektiv-Schönen gemäß einwirkt und sie „gleichsam ästhetisch erzieht." Hieher gehören namentlich alle in das Bereich der Gartenkunst gehörenden Objekte, Veredelung und Dressur von Thieren, sowie der Mensch selbst, der nach verschiedenen Richtungen hin sehr verschönerungsfähig ist.

Die „Kunst" die verklärte Abspiegelung der Welt, läßt Mainländer sehr richtig in zwei große Stämme auseinander treten:

1) die ideale Kunst,
2) die realistische Kunst.

„Bildet der Künstler nur schöne einzelne Objekte, oder Gruppen von solchen, in harmonischer Anordnung um einen Mittelpunkt; offenbart er uns die schöne Seele, so steht er im Dienste der idealen Kunst und ist ein idealer Künstler."

„Zeigt der Künstler die Welt, wie sie ist: den entsetzlichen Kampf ihrer Individuen um das Dasein, die Tücke, Bosheit und Verruchtheit der Einen, die Milde, Sanftmuth und Erhabenheit der anderen; die Qual der einen, die Lust der Anderen, die Ruhelosigkeit Aller; die verschiedenen Charaktere und ihr Hereinscheinen in die Leiblichkeit, hier den Reflex der unersättlichen Begierde nach Leben, dort der Entsagung, — so ist er der realistische Künstler und steht im Dienste der realistischen Kunst. Jede dieser Kunstgattungen hat ihre volle Berechtigung. Während die Erzeugnisse der idealen Kunst uns ungleich leichter als wirkliche Objekte in die ästhetische Stimmung versetzen und uns die Seligkeit der Ruhe genießen lassen, nach welcher wir uns, im schalen Treiben der Welt, immer inniger und inniger zurücksehnen, — versetzen uns die Werke der realistischen Kunst in den bewegten ästhetischen Zustand: wir erkennen, was wir sind und erschüttert weichen wir zurück. Was für ein Gebiet der Kunst wir auch betreten, — immer sehen wir, im blauen Duft der Ferne, die sehnsuchterweckenden Höhen des ethischen Gebietes, und hier zeigt sich deutlich die nahe Verwandtschaft der Kunst mit der Moral. Der Ästhetiker verlangt nur Eines vom realistischen Künstler, nämlich, daß er idealisire und nicht reiner Naturalist sei, d. h.

er soll die Wirklichkeit verklären, nicht photographisch getreu co=
piren."

Als eine dritte Kunstart erwähnt Mainländer die phan=
tastische Kunst, die im fetten Boden der Religion, resp. der Sage
und des Märchens wurzelt und als die Mutter der beiden anderen
Kunstarten angesehen werden muß. (Götzen, Sphinxe, Teufel, Cen=
tauren, Nixen.)

Das Wesen der einzelnen Künste erläutert Mainländer
unter den aufgestellten allgemeinen Gesichtspunkten. Dabei ergeben
sich wesentliche Abweichungen von Schopenhauer nur bei der
Architektur und der Musik. Was Schopenhauer über Plastik,
Malerei und Poesie sagt, ist, wie Mainländer in seiner Kritik
der Schopenhauer'schen Philosophie bemerkt, „fast durchgängig
vortrefflich und gehört zum Durchdachtesten und Besten, was je über
Kunst geschrieben worden ist." Es mögen daher hier nur Main=
länder's Berichtigungen angedeutet werden.

Ein Fundamentalunterschied innerhalb der Künste ergibt sich
daraus, daß es die bildenden Künste nur mit sichtbaren Objekten
zu thun haben, weshalb ihre Erzeugnisse räumlich und materiell,
aber frei von der Zeit sind. „Poesie und Musik dagegen (erstere
beschreibt und schildert nur nebenbei Objekte) befassen sich unmittel=
bar mit dem Ding an sich, indem der Tonkünstler in seiner eigenen
Brust sämmtliche Zustände und der Dichter sämmtliche Zustände und
Willensqualitäten des Menschen, mehr oder weniger deutlich, erfaßt;
denn das Genie hat eben die Fähigkeit, vorübergehend Willens=
qualitäten, die ihm abgehen, in sich zu erzeugen und sich in jeden
Zustand zu versetzen. Das Gefundene aber wird in substanziellen
Objekten, in Worten und Tönen, niedergelegt, und sind mithin die
Werke der Poeten und Tonkünstler frei von Raum und Materie,
aber in der Zeit."

Die Baukunst offenbart fast ausschließlich das Subjektiv=
Schöne des Raumes durch Darstellung und Aneinanderreihung
schöner Figuren und Körper oder ihrer Theile. „Das Material
steht in zweiter Linie, und zwar nicht um die Schwere und Un=
durchdringlichkeit zu offenbaren, sondern um das Formal=Schöne
der Materie durch Farbe, Glätte, Korn ꝛc. auszudrücken."

Über das Wesen der Poesie und der Musik erhalten wir
unter Anderm folgende nähere Aufschlüsse: „Die Poesie ist die

höchste Kunst, weil sie einerseits das ganze Ding an sich enthüllt, seine Zustände und seine Qualitäten, und andererseits auch das Objekt abspiegelt, indem sie es beschreibt und den Zuhörer zwingt, es mit der Einbildungskraft darzustellen. Sie umfaßt also im wahren Sinne die ganze Welt, die Natur, und spiegelt sie in Begriffen."

„Die Musik hat es nur mit dem Menschen zu thun, sämmt= liche anderen Ideen sind ihr fremd, und zwar behandelt sie nur das Innere des Menschen und davon nur die Zustände. Sie ist demnach eine wesentlich unvollkommenere Kunst als die Poesie. Aber da ihr Material der Ton ist, nicht das tönende Wort, so redet sie eine für alle verständliche Sprache und ist diejenige Kunst, welche uns am leichtesten in den ästhetischen Zustand versetzt, wes= halb sie die mächtigste Kunst genannt werden muß." Im kritischen Theil seines Werkes bemerkt Mainländer: „Schopenhauer's Schriften über die Musik sind genial, geistreich und phantasievoll, aber sie verlieren das Wesen dieser herrlichen Kunst nur zu oft aus den Augen und werden phantastisch . . . Wenn er sagt: die Musik offenbare unmittelbar das Wesen des Willens, so ist dies falsch. Das Wesen des Willens, seine Qualitäten, offenbart nur die Poesie vollkommen. Die Musik gibt lediglich seine Zustände wieder, d. h. sie beschäftigt sich mit seinem wesentlichen Prädikat, der Bewegung." Ob Mainländer's Theorie der Musik ausreicht, um das Wesen der neueren Musik erschöpfend zu erklären, ist eine Frage, die ich nicht zu entscheiden wage.

Mainländer durfte das Wunder des Wagner'schen Kunstwerkes nicht erleben, indem er schon im März desselben Jahres 1876 aus dem Leben scheiden mußte, in welchem Wagner's Werk durch die erste Bayreuther That zum Leben erweckt wurde.*) Das Wenige, was Mainländer über die Oper sagt, ist jedoch durchaus im Sinne der Wagner'schen Kunstanschauung gehalten: „In der Oper tritt die Musik ganz entschieden in den Dienst der Poesie, denn die Töne erleuchten gleichsam das Herz der handeln-

---

*) Wenn man etwa meinen wollte, daß Mainländer trotzdem sehr wohl von Wagner irgendwie hätte Notiz nehmen können, so möge man be- denken, daß die Großen sich im Leben gewöhnlich einander fremd bleiben. Viel eher könnte man sich darüber wundern, daß Wagner bei seiner un- gewöhnlich reichen Litteraturkenntniß mit Mainländer's Werk offenbar un- bekannt geblieben ist.

ben Perſonen, enthüllen uns die Quellen, aus benen bie Handlungen
fließen, und laſſen die Gemüthsbewegungen kräftiger auf uns ein=
fließen, als bloße Worte es vermögen." Dazu iſt nur zu be=
merken, daß es in ber „Oper" ſo ſein ſollte, daß es aber bei
Wagner ſo iſt. —

Mainländer ſchließt bie Äſthetik mit bem wieberholten Hin=
weis auf ben hohen Beruf ber Kunſt. Aber bas „anbere Leben
voll ungeſtörter Ruhe", nach bem ber Menſch ſehnſüchtig verlangt?
„Die Kunſt kann es ihm nicht geben. Sie kann ihn nur, von Zeit
zu Zeit, in den ſeligen äſthetiſchen Zuſtand verſetzen, in bem kein
bauernbes Verweilen iſt. Da nimmt ſich bie Ethik ſeiner an ...
Die Kunſt bereitet bas menſchliche Herz zur Erlöſung vor, aber bie
Wiſſenſchaft allein kann es erlöſen: benn ſie allein hat bas Wort
bas alle Schmerzen ſtillt, weil ber Philoſoph, im objektiven Er=
kennen, ben Zuſammenhang aller Ideen und bas aus ihrer Wirk=
ſamkeit continuirlich ſich erzeugenbe Schickſal ber Welt, ben
Weltlauf, erfaßt."

V.
Ethik.

Es gibt nur egoistische Handlungen.

Der Egoismus ist gar kein Hinderniß der Moralität.

Tugend kann gelehrt werden.

Mainländer.

Kündigt sich die Ethik, da sie die Handlungen der Menschen betrifft, ohnehin schon als derjenige Gegenstand an, der Niemanden gleichgültig sein kann, so werden wir den Ausführungen Mainländer's mit um so größerem Interesse folgen, als uns mit obigen Aussprüchen, wenigstens im Hinblick auf Schopenhauer's Lehre, ganz neue Gesichtspunkte gezeigt werden.

Nach Mainländer ist es die Aufgabe der Ethik: „das Glück, d. h. den Zustand der Befriedigung des menschlichen Herzens, in allen seinen Phasen zu untersuchen, es in seiner vollkommensten Form zu erfassen und es auf eine feste Grundlage zu setzen, d. h. das Mittel anzugeben, wie der Mensch zum vollen Herzensfrieden, zum höchsten Glück, gelangen kann."

Die „gleichsam in der Vorhalle der Ethik" stehenden Resultate der einleitenden Untersuchungen, welche vom Egoismus, von der Deliberationsfähigkeit und vom Charakter der Menschen handeln, können dahin zusammengefaßt werden:

1) daß der Wille des Menschen nicht frei ist;
2) daß alle seine Handlungen mit Nothwendigkeit geschehen;
3) daß er sich, auf Grund des Glückseligkeitstriebes und vermöge des Geistes, ein allgemeines Wohl bilden kann;
4) daß dieses Wohl ihn, unter Umständen veranlassen kann, gegen seinen Charakter zu handeln. —

Mainländer schreitet sodann dazu, die Handlungen des in bestimmten Verhältnissen und Formen sich bewegenden Menschen zu prüfen und sein Glück zu untersuchen. Das erste Verhältniß, dem man begegnet, ist der Naturzustand, d. h. diejenige Lebensform der Menschen, die dem Staate vorhergegangen ist. Mainländer thut unwiderleglich dar, daß Recht und Unrecht Begriffe sind, die im Naturzustand ohne irgend eine Bedeutung sind: sie haben nur im Staate einen Sinn. Im Naturzustand ist der Mensch einfach und sucht sich, gleich jedem anderen Individuum, im Dasein zu erhalten. —

Im Staate, der ein Werk der Vernunft ist und auf einem nur aus Noth abgeschlossenen Vertrage beruht, beschränkten sich die Menschen durch die Urgesetze:

1) keiner darf stehlen;
2) keiner darf morden.

Erst jetzt hatte Jeder, der den Staatsvertrag schloß, Pflichten und Rechte, die er im reinen Naturzustande nicht haben konnte, denn sie stehen und fallen mit einem Vertrag. Die Prüfung des Glückes des Menschen im Staate in seiner Urform ergibt: „das allgemeine Wohl der Menschen ist durch die Gesetze gewachsen, aber vor den Gesetzen fühlt er sich unglücklich." —

„Es hat in dem nothwendigen Entwicklungsgang der Menschheit gelegen, daß der Mensch, aus dem Naturzustand heraustretend, noch weiter beschränkt, daß sein natürlicher Egoismus noch mehr gebunden wurde, als der Staat zu thun vermochte. Die Gewalt, der diese Aufgabe zufiel, war die Religion." Mainländer stellt sich, da er den Entwicklungsgang der Religion in seiner Politik verfolgt, in der Ethik sofort an sein Ende, nämlich auf den Boden der christlichen Religion, „welche als die vollkommenste und beste von jedem Einsichtigen anerkannt werden muß." Durch die Gebote des Christenthums ist der natürliche Egoismus des Gläubigen ganz gebunden geworden. Sein allgemeines Wohl ist jedoch gewachsen, weil ihm das ewige, selige Leben in Aussicht steht. Aber ist er glücklich? „In keiner Weise! Er hadert mit Gott: warum kann ich nicht hier und dort glücklich sein? .... Er ist unglücklich auf Erden, um nach dem Tode glücklich zu sein." Diese Denkweise gilt, wie hier nebenbei bemerkt sei, so lange die Erkenntniß der Heilswahrheit noch keine Umwandlung des inneren Menschen hervorzubringen vermochte.

Die Handlungen, wie sie, gegen den Charakter des Menschen

Seiling, Mainländer. 4

durch die von Staat und Religion gesetzten stärkeren Motive er=
zwungen werden, tragen den Stempel der Legalität, aber sie haben
keinen moralischen Werth. Eine Handlung hat moralischen Werth,
wenn sie:

1) den Gesetzen des Staates oder den Geboten der Religion
entspricht, d. h. legal ist;

2) gern geschieht, d. h. wenn sie im Handelnden den Zu=
stand tiefer Befriedigung, des reinen Glücks hervorruft.

„Es ist klar, daß hiernach alle Diejenigen moralisch handeln,
deren Charakter redlich und barmherzig ist, denn aus einem solchen
Charakter fließen die moralischen Handlungen von selbst und geben
dem Individuum die Befriedigung, welche Jeder empfindet, der
seinem Charakter gemäß handeln kann. Aber wie steht es mit Den=
jenigen, welche keinen angeborenen guten Willen haben? Sind sie
keiner moralischen Handlung fähig und können sie im günstigsten
Falle nur legal handeln? Nein! Auch ihre Thaten können
moralischen Werth haben; doch muß ihr Wille eine vorübergehende
oder anhaltende Verwandlung erfahren: er muß sich an der Er=
kenntniß entzünden, die Erkenntniß muß ihn befruchten, ent=
flammen.“

Nachdem Mainländer an treffenden, auch mit geschicht=
lichen Vorgängen belegten Beispielen ausführlich gezeigt hat, wie
ein entzündeter Wille die Vaterlandsliebe gebären kann,
wie die Tugend der Gerechtigkeit in ihm Wurzel fassen kann
und wie ein gläubiger Geist nicht aus angeborener Barmherzigkeit,
sondern um des Lohnes im Himmelreiche willen die Noth seiner
Nächsten lindern und dabei Befriedigung seines Herzens empfinden
kann, — fährt er fort: „Die Umwandlung des Willens durch
Erkenntniß ist eine Thatsache, an der die Philosophie nicht vor=
übergehen darf; ja, sie ist das wichtigste und bedeutsamste Phäno=
men in dieser Welt. Sie ist aber selten. Sie vollzieht sich an
Einzelnen in der Stille und manchmal geräuschvoll an Mehreren zu
gleicher Zeit, immer mit Nothwendigkeit. Die Erkenntniß ist Be=
dingung, und zwar die klare Erkenntniß eines sicheren, großen
Vortheils, der alle anderen Vortheile überwiegt. Dies müssen wir
festhalten als eine Fundamental=Wahrheit der Ethik. Die heiligste
Handlung ist nur scheinbar selbstlos; sie ist, wie die gemeinste und
niederträchtigste, egoistisch, denn kein Mensch kann gegen sein Ich,

fein Selbst, handeln: es ist schlechterdings unmöglich. Es ist aber ein Unterschied zu machen, da illegale, legale und mora= lische Handlungen streng von der Philosophie auseinander gehal= ten werden können, ob sie gleich alle egoistisch sind, und sage ich deßhalb, daß alle illegalen (vom Gesetze verbotenen) und alle legalen (mit Widerwillen, aus Furcht vor Strafe ausgeführten) Handlungen dem natürlichen Egoismus und alle moralischen Handlungen (sie mögen aus einem angeborenen guten oder aus einem entzündeten Willen entspringen) dem geläuterten Egoismus entfließen. Hierdurch sind sämmtliche menschliche Hand= lungen, welche den Ethiker interessiren, classificirt. Ihr nothwen= dig egoistischer *) Charakter ist gewahrt und dennoch ein wesent= licher Unterschied gesetzt."

Im weiteren Verlaufe von Mainländer's Darlegungen, die unter Anderm auch zur Analyse der moralischen Begeisterung (einer Doppelbewegung, deren einer Theil der reine Herzensfriede) führen, ergibt sich, "daß ein echter Christ, dessen Wille sich durch und durch an der Lehre des milden Heilands entzündet hat — also ein Hei= liger — der denkbar glücklichste Mensch ist; denn sein Wille ist einem klaren Wasserspiegel zu vergleichen, der so tief liegt, daß ihn der stärkste Sturm nicht kräuseln kann. Er hat den vollen und ganzen inneren Frieden, den Nichts mehr auf dieser Welt, und wäre es Das, was die Menschen als das größte Unglück ansehen, beunruhigen und trüben kann." Die conditio sine qua non dieses

---

*) Der Widerspruch dieser Auffassung des Egoismus mit der Scho= penhauer'schen Lehre wird sehr gemildert, wenn man in Betracht zieht, daß Schopenhauer unter Egoismus lediglich den natürlichen Egoismus ver= standen wissen wollte. Sehr deutlich geht dies aus einer Stelle der von Gwinner mitgetheilten Correspondenz Schopenhauer's mit Becker hervor, der den Einwurf gemacht hatte, daß auch das Mitleid egoistisch sei: „Unter Egoismus versteht man den exclusiven Antheil am eigenen Individuo, als in welchem allein der Wille zum Leben sich zunächst und unmittelbar erkennt. Dieserhalb also ist unter dem Begriff des Egoismus weder das Wiederer= kennen des eigenen Grundwesens an sich auch in den fremden, in der Erschei= nung sich darstellenden Individuen, noch auch das Verfolgen und Ergreifen des eigenen ewigen Heiles, da es in der Verneinung des Willens zum Leben und eben damit im Aufgeben der eigenen Individualität besteht, zu subsum= miren, und der Werth, den die moralischen Handlungen in dieser Hinsicht für ihren Vollbringer haben, macht sie nicht zu egoistischen." (Gwinner, Scho= penhauer's Leben 514.)

seligsten Zustandes ist jedoch der G l a u b e, während sich die im=
manente Philosophie nur vorübergehend, um die Ethik zu ent=
wickeln, auf den Boden des Christenthums stellen durfte. Die Ethik
kann aber nicht eher abgeschlossen werden, „als bis wir untersucht
haben, ob dieser selige Zustand auch aus einem immanenten Er=
kenntnißgrunde fließen kann, oder ob er schlechterdings Jedem, der
nicht g l a u b e n kann, verschlossen ist, d. h. wir stehen vor dem wich=
tigsten Problem der Ethik. Gewöhnlich faßt man dasselbe in die
Frage nach der w i s s e n s c h a f t l i c h e n Grundlage der Moral.“

Auf dem Standpunkte, der fortan einzunehmen ist, wird zu=
nächst keine andere Autorität anerkannt, als die von den Menschen
errichtete des Staates. Des leichteren Ueberblicks -halber nimmt
M a i n l ä n d e r an, daß es im Staate n u r Gerechte gäbe, so daß
alle Bürger desselben in Uebereinstimmung mit den Gesetzen leben
und durch die Forderungen der staatlichen Autorität nicht unglück=
lich werden. Der Barmherzige aber handelt in diesem Staate nicht
moralisch, wenn er die Nothleidenden aufrichtet, so wenig wie der
Hartherzige illegal handelt, wenn er den Armen vor seiner Thür
verhungern läßt, denn es ist kein G e s e t z vorhanden, welches Wohl=
thätigkeit befiehlt, und es ist e i n e der Bedingungen für eine m o =
r a l i s c h e Handlung, daß sie mit dem Gesetze übereinstimme. Ob=
schon wir fühlen, daß diese Auseinandersetzung falsch sein müsse, so
darf die kalte Vernunft auf dem eingenommenen Standpunkte doch
nicht anders sprechen. „Wir würden daher einen Irrweg einschla=
gen, wollten wir das M i t l e i d zur Grundlage der Moral machen.
Denn wie dürften wir uns anmaßen zu dekretiren: barmherzige
Thaten, Thaten aus Mitleid sind moralische Thaten? Ihre Unab=
hängigkeit von einer gebietenden Autorität würde gerade verhindern,
daß sie es sein können. Hätte nicht Jeder das Recht, unser unver=
schämtes Dekret umzustoßen? Und was wollten wir dem Hart=
herzigen oder Grausamen antworten, wenn er mit dem ganzen
Trotze seiner rebellischen Individualität uns früge: „wie könnt ihr,
ohne die Annahme des allmächtigen Gottes, sagen, daß ich unmo=
ralisch handle? Ich behaupte mit demselben Rechte, daß barmher=
zige Thaten unmoralisch sind.“ Seid aufrichtig! Könntet ihr ihm
antworten, ohne euch auf den Boden der christlichen oder über=
haupt einer Religion zu stellen, welche die Nächstenliebe im Na=
men einer a n e r k a n n t e n M a c h t gebietet?“

Ehe in der Ethik ein weiterer Schritt vorwärts gemacht wer=
den kann, muß die Frage untersucht werden, ob unsere Gerechten
auch sonst glücklich sind, d. h. abgesehen von ihrer Beziehung zum
Staate und dessen Grundgesetzen. Es handelt sich also darum, ein
Urtheil über den Werth des menschlichen Lebens selbst abzugeben.
M a i n l ä n d e r ist davon überzeugt, daß Derjenige, der nur ein
einziges Mal rein objektiv über den Werth des Daseins nachge=
dacht hat, zur schmerzlichen Ueberzeugung gekommen sei, daß das
menschliche Leben in seinen j e t z i g e n Formen ein wesentlich un=
glückliches sei. Auch will sich M a i n l ä n d e r nicht dazu verstehen,
das jetzige Leben zu prüfen: „Andere haben dies gethan, und haben
es so meisterhaft gethan, daß für jeden Einsichtigen die Acten *) dar=
über geschlossen sind."

Dagegen stellt sich M a i n l ä n d e r nunmehr vorübergehend
auf den Standpunkt der vernünftigen Optimisten, welche in die Zu=
kunft blicken und der ganzen Menschheit dereinst ein glückliches
Leben zusprechen, weil die reale Entwicklung immer vollkommeneren
Zuständen entgegen nicht geleugnet werden kann. Er construirt zu
diesem Zwecke einen idealen Staat, indem er den Menschen die zur
Zeit noch bestehenden Uebel mit einziger Ausnahme des Todes nach
einander abnimmt. Sie bilden eine ansehnliche Reihe, deren auf=
merksame Betrachtung gedankenlosen Optimisten gewiß sehr heilsam
wäre! — Sind nun aber die leibbefreiten Bürger dieses Staates,
die im Besitze der höchsten Wissenschaft und Kunst sein sollen und
die man sich noch dazu alle als „schöne Seelen" vorstellen mag,
glücklich? „Sie wären es, wenn sie nicht eine entsetzliche Oede und
Leere in sich empfänden. Sie sind der Noth entrissen, sie sind wirk=
lich ohne Sorgen und Leid, aber dafür hat die Langeweile sie er=
faßt . . . . . . Die Noth ist ein schreckliches Uebel die Langeweile
aber das schrecklichste von allen. Lieber ein Dasein der Noth als
ein Dasein der Langeweile, und daß schon jenem die völlige Ver=
nichtung vorzuziehen ist, muß ich gewiß nicht erst nachweisen."
Nun könnte man aber bezweifeln, daß das Leben in dem gezeich=

---

*) Als Auszüge aus diesen „Acten" erlaube ich mir zu empfehlen:
„Perlen der pessimistischen Weltanschauung", in Meisterwerken der Litteratur ge=
funden von M a x S e i l i n g. Th. A c k e r m a n n, M ü n c h e n. Geb. 3 Mk.,
ungeb. 2 Mk. Der Reinertrag wird dem Fond für Errichtung des S c h o=
p e n h a u e r - Denkmales zugewiesen.

neten idealen Staate wirklich langweilig sei. Mainländer stützt sich zur Hebung alles Zweifels vor Allem darauf, daß es doch schon viele Menschen gegeben habe, die unter ähnlichen Verhältnissen gelebt haben, wie die Bürger dieses idealen Staates. Sie hatten vor diesen vielmehr den großen Vorzug, daß ihre Umgebung eine viel saftigere und interessantere war. „Und trotzdem haben alle diese hervorragenden Einzelnen, welche eine Kette bilden, die aus der Urzeit des Menschengeschlechts bis in unsere Tage reicht, das Leben als ein wesentlich glückloses verurtheilt und das Nichtsein über dasselbe gestellt." Mainländer beschränkt sich darauf, Aussprüche Goethe's und A. v. Humboldt's zu citiren, deren vortreffliche Individualität und günstige Lage allen Menschen zu wünschen wäre. Goethe sagte zu Eckermann: „Wir leiden Alle am Leben" und „ich kann wohl sagen, daß ich in meinen fünfundsiebzig Jahren keine vier Wochen eigentliches Behagen gehabt. Es war das ewige Wälzen eines Steines, der immer von Neuem gehoben sein wollte." Und Humboldt sagt in seinen Memoiren: „Ich verachte die Menschheit in allen ihren Schichten; ich sehe es voraus, daß unsere Nachkommen noch weit unglücklicher sein werden, als wir —, sollte ich nicht ein Sünder sein, wenn ich trotz dieser Ansicht für Nachkommen, d. h. Unglückliche sorgte? — Das ganze Leben ist der größte Unsinn. Und wenn man achtzig Jahre strebt und forscht, so muß man sich doch endlich gestehen, daß man Nichts erstrebt und Nichts erforscht hat. Wüßten wir nur wenigstens, warum wir auf dieser Welt sind. Aber Alles ist und bleibt dem Denker räthselhaft, und das größte Glück ist noch das, als Flachkopf geboren zu sein." „Also," fährt Mainländer fort, „im ganzen reichen Leben dieses begabten Mannes Nichts, Nichts, was er als Zweck des Lebens hätte auffassen können. Nicht die Schaffensfreude, nicht die köstlichen Momente genialen Erkennens: Nichts! Und in unserem idealen Staate sollten die Bürger glücklich sein?"

Um die Ethik zu Ende bringen zu können, stößt Mainländer zunächst den construirten idealen Staat wieder um, da er in der gezeichneten Vollkommenheit nie in die Erscheinung treten wird. „Was aber nicht geleugnet werden kann, das ist die reale Entwicklung der menschlichen Gattung und daß eine Zeit kommen wird, wo nicht der von uns construirte, aber doch ein idealer

Staat errichtet wird. Es wird meine Aufgabe in der Politik
sein, nachzuweisen, wie alle Entwicklungsreihen, vom Beginn der
Geschichte an, auf ihn, als ihren Zielpunkt, deuten. In der Ethik
müssen wir ihn ohne Beweis hinstellen. Die Gesellschaft wird that=
sächlich in demselben nivellirt sein und jeder Bürger die Segnungen
einer hohen geistigen Cultur erfahren. Die ganze Menschheit wird
schmerzloser leben als jetzt, als jemals. Hieraus ergiebt sich eine
nothwendige, mit unwiderstehlicher Gewalt sich voll=
ziehende Bewegung der Menschheit, welche keine Macht
aufzuhalten oder abzulenken vermag. Sie stößt die Wollenden und
die Nichtwollenden unerbittlich auf der Bahn weiter, die zum idealen
Staate führt, und er muß in die Erscheinung treten. Diese reale,
unabänderliche Bewegung ist ein Theil des aus den Bewegungen
aller einzelnen, im dynamischen Zusammenhang stehenden Ideen
continuirlich sich erzeugenden Weltlaufs und enthüllt sich hier als
nothwendiges Schicksal der Menschheit. Es ist ebenso
stark, ebenso jedem Einzelwesen an Kraft und Macht überlegen
— weil es ja auch die Wirksamkeit jedes bestimmten Einzelwesens
in sich enthält — wie der Wille einer einfachen Einheit
in, über oder hinter der Welt, und wenn die immanente Philoso=
phie es an die Stelle dieser einfachen Einheit setzt, so füllt es den
Platz vollkommen aus. Während aber die einfache Einheit ge=
glaubt werden muß und stets Anfechtungen und Zweifeln ausge=
setzt war und sein wird, wird das Wesen des Schicksals, ver=
möge der zur Gemeinschaft erweiterten allgemeinen Causalität, vom
Menschen klar erkannt und kann deshalb niemals bestritten wer=
den. Wenn es nun ein Gebot Gottes für die Menschen war, ge=
recht und barmherzig zu sein, so fordert das Schicksal der Mensch=
heit mit der gleichen Autorität von jedem Menschen strengste
Gerechtigkeit und Menschenliebe; denn wenn auch die Bewegung
zum idealen Staate sich trotz Unredlichkeit und Hartherzigkeit Vieler
vollziehen wird, so verlangt sie doch von jedem Menschen laut und
vernehmlich Gerechtigkeit und Menschenliebe, damit sie sich rascher
vollziehen könne.“

Von dieser Erkenntniß kann nun aber der Wille nur dann
entzündet werden, wenn sie ihm einen großen Vortheil ver=
spricht. Die immanente Ethik kennt zwar keine Belohnung und
Bestrafung einer unsterblichen Seele, wohl aber kennt sie die Hölle

des gegenwärtigen Staates und das Himmelreich des idealen Staates, und indem sie auf beide hinweist, steht sie fest auf der Physik. „So erfaßt sie Jeden da, wo er in der Menschheit und im Leben wurzelt und ruft ihm zu: du lebst in deinen Kindern fort, in deinen Kindern feierst du deine Wiedergeburt, und was sie treffen wird, das trifft dich in ihnen .... Dieses Wissen des Menschen,

1) daß er in seinen Kindern weiterlebt, oder, allgemein ausgedrückt, daß er in der Menschheit wurzelt, nur in ihr und durch sie sich im Leben erhalten kann;

2) daß die jetzige Ordnung der Dinge den Wechsel der Lagen nothwendig bedingt;

3) daß im idealen Staate das denkbar beste Leben Allen garantirt ist;

4) schließlich, daß die Bewegung der Menschheit, trotz der Nichtwollenden und Widerstrebenden, den idealen Staat zum Ziele hat und erreichen wird;

dieses Wissen, diese jedem Denkenden sich aufdrängende Erkenntniß kann den Willen entzünden: allmählich oder blitzschnell. Dann tritt er vollständig in die Bewegung der Gesammtheit ein, dann schwimmt er mit dem Strome. Nun kämpft er muthig, freudig und liebevoll im Staate und, so lange sich die Bewegung der Menschheit noch im Großen hauptsächlich erzeugt aus dem Zusammen- und Gegeneinanderwirken großer Völkerindividualitäten, großer Einzelstaaten, auch mit seinem Staate (und eventuell dessen Verbündeten) gegen andere Staaten für den idealen Staat. Nun durchglüht ihn der echte Patriotismus, die echte Gerechtigkeit, die echte Liebe zur Menschheit: er steht in der Bewegung des Schicksals, er handelt in Uebereinstimmung mit dessen Gebot und gern, d. h. seine Handlungen sind eminent moralisch und sein Lohn ist: Friede mit sich selbst, reines helles Glück. Nun gibt er willig, wenn es sein muß, in moralischer Begeisterung sein individuelles Leben hin; denn aus dem besseren Zustand der Menschheit, für den er kämpfte, ersteht ihm ein neues, besseres individuelles Leben in seinen Kindern.“

„Aber ist auch die Grundstimmung des Helden ein tiefer Frieden, also reines Glück, so durchglüht es doch nur selten, fast nur in großen Momenten, seine Brust; denn das Leben ist ein harter Kampf für Jeden, und wer noch fest wurzelt in der Welt — wenn auch die Augen ganz trunken sind vom Licht des idealen Staates — wird

nie frei sein von Noth, Pein und Herzeleid. Den reinen an=
dauernden Herzensfrieden des christlichen Heiligen hat kein Held.
Sollte er, ohne den Glauben, wirklich nicht zu erreichen sein? —
„Die Bewegung der Menschheit nach dem idealen Staate ist
eine Thatsache; allein es bedarf nur eines kurzen Nachdenkens, um
einzusehen, daß im Leben des Ganzen so wenig wie im Leben des
Einzelnen je ein Stillstand eintreten kann. Die Bewegung muß
eine rastlose sein bis dahin, wo überhaupt von Leben nicht mehr
geredet werden kann. Befindet sich die Menschheit demnach im
idealen Staate, so kann keine Ruhe eintreten. Aber wohin soll sie
sich dann noch bewegen können? Es gibt nur eine einzige Be=
wegung noch für sie: es ist die Bewegung nach der völligen Ver=
nichtung, die Bewegung aus dem Sein in das Nichtsein.
Und die Menschheit (d. h. alle einzelnen dann lebenden Menschen)
wird die Bewegung ausführen, in unwiderstehlicher Sehnsucht nach
der Ruhe des absoluten Todes. Der Bewegung der Menschheit
nach dem idealen Staate wird also die andere, aus dem Sein in
das Nichtsein, folgen, oder mit anderen Worten: die Bewegung der
Menschheit überhaupt ist die Bewegung aus dem Sein in das
Nichtsein. Halten wir aber beide Bewegungen getrennt, so tritt,
wie aus der ersteren das Gebot der vollen Hingabe an das All=
gemeine getreten ist, aus der letzteren das Gebot der Virginität,
die in der christlichen Religion allerdings nicht gefordert, aber als
die höchste und vollkommenste Tugend anempfohlen wurde;
denn wenn auch die Bewegung sich vollziehen wird trotz thierischem
Geschlechtstrieb und trotz Wollust, so tritt sie doch an jeden Ein=
zelnen mit der ernsten Forderung heran, keusch zu sein, damit
sie rascher zum Ziele komme. Vor dieser Forderung schrecken
Gerechte und Ungerechte, Barmherzige und Hartherzige, Helden und
Verbrecher zurück, und mit Ausnahme der Wenigen, welche, wie
Christus sagte, aus Mutterleibe verschnitten geboren wurden,
kann kein Mensch sie gern erfüllen, ohne eine totale Umwand=
lung seines Willens erfahren zu haben. Alle Umwandlungen, alle
Entzündungen des Willens, die wir seither betrachtet haben, waren
Umänderungen eines Willens, der das Leben auch ferner wollte,
und der Held, wie der christliche Heilige, opferte es nur, d. h. er
verachtete den Tod, weil er ein besseres Leben dafür erhielt. Nun
aber soll der Wille nicht mehr bloß den Tod verachten, sondern

er soll ihn lieben, denn Keuschheit ist die Liebe zum Tode. Unerhörte Forderung! Der Wille zum Leben will Leben und Dasein, Dasein und Leben. Er will für alle Zeit leben und da er nur im Dasein verbleiben kann durch die Zeugung, so concentrirt sich sein Grundwollen im Geschlechtstrieb, der die vollkommenste Bejahung des Willens zum Leben ist und alle andern Triebe und Begierden an Heftigkeit und Stärke bedeutend übertrifft. Wie soll nun der Mensch die Forderung erfüllen, wie soll er den Geschlechtstrieb, der sich jedem redlichen Beobachter der Natur geradezu als unüberwindlich darstellt, überwinden können? Nur die Furcht vor einer großen Strafe, in Verbindung mit einem alle Vortheile überwiegenden Vortheil, kann dem Menschen die Kraft geben, ihn zu besiegen, d. h. der Wille muß sich an einer klaren und ganz gewissen Erkenntniß entzünden. Es ist die schon oben erwähnte Erkenntniß, daß Nichtsein besser ist als Sein oder die Erkenntniß, daß das Leben die Hölle, und die süße stille Nacht des absoluten Todes die Vernichtung der Hölle ist.

„Und der Mensch, der erst klar und deutlich erkannt hat, daß alles Leben Leiden ist, daß es, es trete in was immer für einer Form auf, wesentlich unglücklich und schmerzvoll (auch im idealen Staate) ist, so daß er, wie das Christuskind auf den Armen der Sixtinischen Madonna, nur noch mit entsetzenerfüllten Augen in die Welt blicken kann, und der dann die tiefe Ruhe erwägt, das unaussprechliche Glück in der ästhetischen Contemplation und das, im Gegensatz zum wachen Zustande, durch Reflexion empfundene Glück des zustandslosen Schlafes, dessen Erhebung in die Ewigkeit der absolute Tod nur ist, — ein solcher Mensch muß sich entzünden an dem dargebotenen Vortheil, — er kann nicht anders. Der Gedanke: wiedergeboren zu werden, d. h. in unglücklichen Kindern rast- und ruhelos auf der dornigen und steinigen Straße des Daseins weiterziehen zu müssen, ist ihm einerseits der schrecklichste und verzweiflungsvollste, den er haben kann; anderseits ist der Gedanke: die lange, lange Entwicklungsreihe abbrechen zu können, in der er, immer mit blutenden Füßen, gestoßen, gepeinigt und gemartert, verschmachtend nach Ruhe, vorwärts mußte, der süßeste und erquickendste. Und ist er nur erst auf der richtigen Bahn, so beunruhigt ihn mit jedem Schritt der Geschlechtstrieb weniger, mit jedem Schritt wird es ihm leichter ums Herz, bis sein Inneres zuletzt in derselben

Freudigkeit, seligen Heiterkeit und vollen Unbeweglich=
keit steht, wie der echte christliche Heilige. Er fühlt sich in Ueber=
einstimmung mit der Bewegung der Menschheit aus dem Sein in
das Nichtsein, aus der Qual des Lebens in den absoluten Tod,
er tritt in diese Bewegung des Ganzen gern ein, er handelt emi=
nent moralisch, und sein Lohn ist der ungestörte Herzensfriede, die
„Meeresstille des Gemüths,“ der Friede, der höher ist als alle
Vernunft. Und dieses Alles kann sich vollziehen ohne den Glauben
an eine Einheit in, über und hinter der Welt, ohne Furcht vor
einer Hölle oder Hoffnung auf ein Himmelreich nach dem Tode,
ohne mystische intellektuelle Anschauung, ohne unbegreifliche Gnaden=
wirkung, ohne Widerspruch mit der Natur und unserem Bewußtsein
vom eigenen Selbst: den einzigen Quellen, aus denen wir mit Ge=
wißheit schöpfen können, — lediglich in Folge einer vorurtheils=
freien, reinen, kalten Erkenntniß unserer Vernunft, „des Menschen
allerhöchsten Kraft.“

„So hätten wir das Glück des Heiligen, welches wir als
das größte und höchste Glück bezeichnen mußten, unabhängig von
irgend einer Religion, gefunden. Zugleich haben wir das imma=
nente Fundament der Moral gefunden: es ist die vom Subjekt
erkannte reale Bewegung der Menschheit, die die Ausübung
der Tugenden: Vaterlandsliebe, Gerechtigkeit, Menschenliebe und
Keuschheit fordert. Hieraus ergibt sich auch die wichtige Consequenz,
daß die Bewegung der Menschheit so wenig eine moralische ist,
wie die Dinge an sich schön sind. . Vom Standpunkte der Natur
aus handelt kein Mensch moralisch; Der, welcher seinen Nächsten
liebt, handelt nicht verdienstvoller als Der, welcher ihn haßt, peinigt
und quält. Die Menschheit hat nur einen Verlauf, den der
moralisch Handelnde beschleunigt. Vom Standpunkt des Sub=
jekts dagegen ist jede Handlung moralisch, die, bewußt oder unbe=
wußt, in Uebereinstimmung mit der Grundbewegung der Menschheit
ist und gern geschieht. Die Aufforderung, moralisch zu handeln,
zieht ihre Kraft daraus, daß sie dem Individuum entweder den
vorübergehenden Seelenfrieden und ein besseres Leben in der Welt,
oder den dauernden Seelenfrieden in diesem Leben und die völlige
Vernichtung im Tode, also den Vortheil zusichert, früher erlöst zu
werden als die Gesammtheit. Und dieser letztere Vortheil überwiegt
so sehr alle irdischen Vortheile, daß er das Individuum, das ihn

erkennt, unwiderstehlich in die Bahn zieht, wo er liegt, wie das
Eisen an den Magnet muß. An denjenigen Menschen, welche einen
angeborenen barmherzigen Willen haben, vollzieht sich die Umwand=
lung am leichtesten; denn es sind Willen, die der Weltlauf bereits
geschwächt, deren natürlichen Egoismus der Weltlauf bereits in den
geläuterten übergeführt hat. Das Leiden ihres Nächsten bringt in
ihnen den ethischen, außerordentlich bedeutsamen Zustand des Mit=
leids hervor, dessen Früchte echt moralische Thaten sind. Wir em=
pfinden im Mitleid ein positives Leid in uns; es ist ein tiefes
Gefühl der Unlust, das unser Herz zerreißt, und das wir nur auf=
heben können, indem wir den leidenden Nächsten leiblos machen.“

Nach dieser mit unerreichter Klarheit und Schönheit vor=
getragenen Lehre von der Grundlage der Moral bespricht Main=
länder einige mit der Virginität im Zusammenhang stehenden Er=
scheinungen. Die Virginität ist allein die vollkommen sichere
Verneinung des individuellen Willens zum Leben. Deßhalb kann
die immanente Philosophie der Todesstunde nicht die geringste
Bedeutung beilegen, während sie der Stunde, in welcher ein neues
Leben entzündet werden soll, die allergrößte Wichtigkeit zusprechen
muß. Die Verneinung des Willens, „diese herrlichste Frucht der
Philosophie Schopenhauer’s“, wie Mainländer sich einmal
ausdrückt, kann auch solche Menschen ergreifen, welche in Kindern
bereits weiter leben. „Sie bewirkt aber alsdann nur das Glück des
Individuums für den Rest der Lebensdauer. Doch sollen und
werden die unvollkommenen Folgen der Verneinung in solchen Fällen
das Individuum nicht beunruhigen. Es wird versuchen, in den
Kindern die wahre Erkenntniß zu erwecken und sie auf sanfte Weise
auf den Weg der Erlösung zu führen. Dann wird es vollen Trost
aus der Gewißheit schöpfen, daß neben der individuellen Er=
lösung die allgemeine herschreitet, daß der ideale Staat über
kurz oder lang die gesammte Menschheit umfassen und diese dann
das „große Opfer“, wie die Inder sagen, bringen wird. Ja, er
wird hieran Veranlassung nehmen, sich voll und ganz dem All=
gemeinen hinzugeben, damit der ideale Staat so bald als möglich
real werde.“

Die Verneinung des Willens hebt nicht, wie Schopen=
hauer lehrt, den ganzen Charakter auf. Der ursprüngliche Cha=
rakter tritt vielmehr nur in den Hintergrund und wird der neuen

Natur eine besondere Färbung geben, so daß der Eine in die Ein=
samkeit fliehen, ein Anderer seinem Berufe treu bleiben, ein Dritter
nur noch für das Wohl Anderer sorgen wird, u. s. w. Hiezu
macht Mainländer die sehr beachtenswerthe Bemerkung: „Weil
viele Anhänger der Schopenhauer'schen Philosophie keine Zeichen
und Wunder in sich verspüren, verzehren sie sich in Schmerz und
glauben, sie seien nicht berufen. Dies ist eine sehr ernste praktische
Folge eines theoretischen Irrthums. Die Verzückung ist gar
kein Merkmal der Erlösung. Merkmal ist, und Bedingung zu=
gleich, die ohne äußeren Zwang gewählte Virginität." Aus Main=
länder's Schilderung des verschiedenen Verhaltens Derer, die auf
dem Wege zur Erlösung wandeln, mögen noch folgende herrlichen
Worte angeführt werden: „Wer sich in der Verneinung des Willens
ganz auf sich zurückzieht, verdient die volle Bewunderung der
Kinder dieser Welt; denn er ist ein „Kind des Lichts" und
wandelt auf dem richtigen Weg. Nur Unwissende oder Schlechte
können es wagen, ihn mit Koth zu bewerfen. Aber höher muß und
soll man Denjenigen schätzen, der unbeweglich im Innern,
den äußeren Menschen heftig bewegen und leiden läßt, um seinen
verdüsterten Brüdern zu helfen: unermüdlich, strauchelnd, blutend
sich wieder erhebend, die Fahne der Erlösung nimmer aus der Hand
lassend, bis er zusammenbricht im Kampfe für die Menschheit und
das herrliche sanfte Licht in seinen Augen erlischt. Er ist die
reinste Erscheinung auf dieser Erde: ein Erleuchteter, ein Erlöser,
ein Sieger, ein Märtyrer, ein weiser Held. — Nur darin werden
Alle übereinstimmen, daß sie der Gemeinheit abgestorben und un=
empfänglich sind für Alles, was den natürlichen Egoismus bewegen
kann, daß sie das Leben verachten und den Tod lieben. — Und
ein Erkennungszeichen werden alle tragen: die Milde. „Sie eifern
nicht, sie blähen sich nicht, sie ertragen Alles, sie dulden Alles"
sie verurtheilen nicht und steinigen nicht, sie entschuldigen immer
und werden nur freundlich den Weg anempfehlen, auf dem sie so
köstliche Ruhe und den herrlichsten Frieden gefunden haben."

Mainländer schließt seine Ethik mit dem Hinweise auf die
Religion der Erlösung, das Christenthum, dessen Stifter vom
Menschen die vollständige Ertödtung des natürlichen Egoismus
fordert. Nur Der, welcher seine ursprüngliche Individualität ganz
aufgegeben hat, in dem Adam gestorben und Christus aufer=

standen ist, kann wahrhaft glücklich werden und den inneren Frieden erlangen. „Wenn nun auch die immanente Philosophie die Forderungen des milden Heilands einfach bestätigen muß, so kann sie dagegen selbstverständlich die dogmatische Begründung derselben nicht anerkennen. Dem Gebildeten unserer Zeit ist es ebenso unmöglich, die Dogmen der Kirche zu glauben, wie es dem gläubigen Christen des Mittelalters unmöglich war, gegen seinen Erlöser die Götter Griechenlands und Roms oder den zornigen Gott des Judenthums einzutauschen. Damit nun der unzerstörbare Kern der christlichen Lehre nicht mit dem Glauben fortgeworfen werde, und auf diese Weise die Möglichkeit für den Menschen schwinde, des wahren Herzensfriedens theilhaftig zu werden, ist es Aufgabe der Philosophie, die Heilswahrheit in Uebereinstimmung mit der Natur zu begründen. Diese Ethik ist der erste Versuch, diese Aufgabe auf rein immanentem Gebiete, mit rein immanenten Mitteln, zu lösen. Er konnte nur gemacht werden, nachdem das transscendente Gebiet vom immanenten vollständig getrennt und nachgewiesen worden war, daß beide Gebiete nicht neben einander, oder in einander liegen, sondern, daß das eine unterging, als das andere entstand. Das immanente folgte dem transscendenten und besteht allein.“

VI.
Politik.

> Der Zweck der ganzen Weltgeschichte,
> d. h. aller Schlachten, Religionssysteme, Er-
> findungen, Entdeckungen, Revolutionen, Sek-
> ten, Parteien u. s. w. ist: der Masse das
> zu bringen, was Einzelnen seit Beginn
> der Cultur zu Theil wurde. Es handelt
> sich nicht darum, ein Geschlecht von Engeln
> zu erziehen, das dann immerfort, immer-
> fort existire, sondern um Erlösung vom
> Dasein. Die Verwirklichung der kühnsten
> Ideale der Socialisten kann doch nur für
> Alle einen Zustand der Behaglichkeit
> schaffen, in dem von jeher Einzelne be-
> reits lebten. Und was thaten diese Ein-
> zelnen, wann sie in diesen Zustand kamen?
> Sie wandten sich vom Leben ab. Etwas
> Anderes war auch nicht möglich.
>
> Mainländer.

„Die Politik handelt von der Bewegung der ganzen Menschheit. Diese Bewegung resultirt aus den Bestrebungen aller Individuen und ist, wie wir in der Ethik ohne Beweis hinstellen
mußten, von einem niederen Standpunkte aus betrachtet, die Bewegung nach dem idealen Staate, vom höchsten dagegen aufgefaßt:
die Bewegung aus dem Leben in den absoluten Tod, da ein Stillstand im idealen Staate nicht möglich ist." Von da an, wo die
mit unwiderstehlicher Gewalt sich vollziehende Bewegung der Menschheit in den Staat mündet, heißt sie Civilisation. Der Staat
ist somit die allgemeine Form der Civilisation; ihre besonderen
Formen: ökonomische, politische und geistige, nennt Mainländer historische Formen. Das Haupt-Gesetz, wonach sich die
Civilisation vollzieht, ist das Gesetz des Leidens, welches die
Schwächung des Willens und die Stärkung des Geistes

bewirkt. Das Gesetz des Leidens, das als eine Modification des in der Physik aufgestellten Gesetzes der Schwächung der Kraft an- zusehen ist, legt sich in verschiedene einzelne Gesetze auseinander, welche Mainländer historische Gesetze nennt.

Nachdem uns Mainländer mit diesen grundlegenden Be- griffen bekannt gemacht hat, zeichnet er an der Hand der Geschichte mit großen Zügen die Entwicklung der Menschheit von ihrer frühesten Kindheit bis zu ihrer gegenwärtigen Altersstufe und faßt darauf, einen Blick in die Zukunft werfend, den Punkt in's Auge, auf den die vorliegende Entwicklung als Zielpunkt hinweist: den idealen Staat. Ein vollendeter Meister seines Stoffes gibt Mainländer eine Philosophie der Geschichte, indem er auf dem „Grunde des Gewühls von Erscheinungen" die historischen Formen und Gesetze sich erheben läßt, in und nach denen die Bewegung der Menschheit sich vollzieht. Die Zusammenstellung dieser Gesetze und Formen, die Mainländer naturgemäß erst am Schlusse seiner 86 Seiten umfassenden Darstellung gibt, wird hier sogleich mitgetheilt, weil bezüglich des großartigen Gemäldes, von dessen Grunde sie sich ab- heben, auf Mainländer's Werk verwiesen werden muß.

Das Schema der historischen Gesetze, das indessen „durchaus keinen Anspruch auf Vollständigkeit erhebt", ist folgendes:

Gesetz der Auswicklung der Individualität;
„ „ geistigen Reibung;
„ ' „ Gewohnheit;
„ „ Ausbildung des Theils;
„ des Particularismus;
„ der Entfaltung des einfachen Willens;
„ „ Bindung der Willensqualitäten;
„ „ Erblichkeit der Eigenschaften;
„ „ Fäulniß;
„ des Individualismus;
„ der Verschmelzung durch Eroberung;
„ „ Verschmelzung durch Revolution;
„ „ Colonisation (Auswanderung);
„ „ geistigen Befruchtung;
„ „ Völkerrivalität;
„ des socialen Elends;
„ „ Luxus;

Gesetz der Nervosität;
    „   „ Nivellirung;
    „   „ geistigen Ansteckung;
Nationalitätsgesetz;
Gesetz des Humanismus;
    „ der geistigen Emancipation.

Die historischen Formen sind folgende:

Oekonomische	Politische	Geistige.
Jägerei	Familie	
Viehzucht	Patriarchat	Naturreligion
Ackerbau, Handel	Kastenstaat	Geläuterte Natur-religion
Gewerbe, Sklaverei	Despotische Monarchie	Orientalische Kunst
	Griechischer Staat	Griechische Kunst / Naturwissenschaft
	Römische Republik	Geschichte / Philosophie
	Römisches Kaiserreich	Rechtswissenschaft
Leibeigenschaft, Hörigkeit	Feudalstaat	christliche Kirche / „ Kunst / Scholastische Philosophie
	Absoluter Staat	Evangelische Kirche / Renaissance / Musik / Kritische Philosophie
Capital — Welthandel Industrie	Constitutionelle Monarchie	Moderne Naturwissenschaften / Staatswissenschaften / Rationalismus / Materialismus
Produktiv-Associationen	Vereinigte Staaten	Reine Philosophie
Allgemeine Organisation der Arbeit	Idealer Staat	Absolute Philosophie.

Nur um ein Beispiel zu geben, wie Mainländer seine Schlüsse aus der Entwicklungsgeschichte des Menschengeschlechtes zieht, möge der Passus Platz finden, den Mainländer bringt, bevor er sich der mit unserer Zeitrechnung beginnenden Geschichte zuwendet: „Wer sich in den Fäulniß- und Absterbungsproceß der asiatischen Militär-Despotieen Griechenlands und Rom's vertieft und lediglich die Bewegung auf dem Grunde im Auge hat, der gewinnt die unverlierbare Erkenntniß, daß der Gang der Menschheit nicht die Erscheinung einer sogenannten sittlichen Weltordnung, sondern die nackte Bewegung aus dem Leben in den absoluten Tod ist, die, überall und immer, auf ganz natürlichem Wege aus den wirkenden Ursachen allein entsteht. In der Physik konnten wir zu keinem anderen Resultat kommen, als dem einen, daß aus dem Kampfe um das Dasein immer höher organisirte Wesen hervorgehen, daß sich das organisirte Leben immer wieder erneuere und es war ein Ende der Bewegung nicht zu entdecken. Wir befanden uns im Thale. In der Politik dagegen befinden wir uns auf einem freien Gipfel und erblicken ein Ende. Allerdings sehen wir dieses Ende in der Periode des Untergangs der römischen Republik noch nicht klar. Noch haben sich die Morgennebel des Tages der Menschheit nicht ganz verzogen und das goldene Zeichen der Erlösung Aller blitzt nur hie und da aus dem Schleier, der es verhüllt; denn nicht die ganze Menschheit lag in der Form des babylonischen, assyrischen und persischen Staates, auch nicht im griechischen und römischen Staate. Ja, nicht einmal sämmtliche Völker dieser Reiche sind abgestorben. Es waren gleichsam nur die Spitzen von Zweigen des großen Baumes, welche verdorrten. Aber wir erkennen klar in den Vorgängen die wichtige Wahrheit: daß die Civilisation tödtet. Jedes Volk, welches in die Civilisation eintritt, d. h. in eine schnellere Bewegung übergeht, fällt und wird in der Tiefe zerschmettert. Keines kann sich in seiner männlichen Kraft erhalten, Jedes muß altersschwach werden, entarten und sich ausleben. Es ist ganz gleich, wie seine dem absoluten Tode geweihten Individuen in die Vernichtung sinken; ob nach dem Gesetze der Fäulniß: verlottert, sich wälzend im Schlamme und Koth raffinirter Wollust; oder nach dem Gesetze des Individualismus: mit Ekel fortwerfend alle köstlichen Früchte, weil sie keine Befriedigung mehr geben, sich verzehrend in Ueber-

druß und Langeweile, hin- und herschwankend, weil sie den festen
Willen und klare Ziele verloren haben, oder durch Moralität: im
Aether der Seligkeit ihr Leben verhauchend. Die Civilisation er=
greift sie und tödtet sie. Wie gebleichte Gebeine die Wege durch
die Wüste, so bezeichnen die Denkmäler zerfallener Culturreiche, den
Tod von Millionen verkündend, die Bahn der Civilisation. Aber
Erlösung haben alle Zerschmetterten gefunden, und sie haben sie
verdient. Denn welcher Vernünftige hätte den Muth zu sagen:
Erlösung wird nur Demjenigen zu Theil, welcher sie sich erworben
hat durch Menschenliebe oder Keuschheit? Alle, die das Schicksal
hinabstürzt in die Nacht der völligen Vernichtung, haben sich die
Befreiung von sich selbst theuer erkauft durch Leiden allein. Bis
zum letzten Heller haben sie das ausbedungene Lösegeld dadurch
entrichtet, daß sie überhaupt lebten: denn Leben ist Qual. . . . ."

Ferner möge Einiges von Dem angeführt werden, was sich
auf die gegenwärtige und zukünftige Lage der Menschheit bezieht,
um hauptsächlich zu zeigen, daß Mainländer's Weltanschauung
durchaus keinen lebensfeindlichen und quietistischen Anstrich im Scho=
penhauer'schen Sinne hat. Mainländer geht vielmehr in der
Politik mit den „vernünftigen Optimisten", die der Ansicht sind,
daß sich das Menschengeschlecht nach besseren Zuständen hinbewege,
Hand in Hand. So ist z. B. Dühring's „freie Gesellschaft"
nichts Anderes als Mainländer's „idealer Staat", in dem
das Individuum in politischer, ökonomischer und geistiger Beziehung
vollkommen emancipirt sein wird.

Die rein politischen Erscheinungen stehen in Europa
zur Zeit unter drei großen Gesetzen: unter dem Nationalitäts=
gesetze, dem Gesetze des Humanismus und dem Gesetze
der Ablösung des Staates von der Kirche, d. h. der
Vernichtung der Kirche. „Dem ersteren Gesetze gemäß wer=
den alle kleinen Staaten, welche entweder aus dem Mittelalter
stammen und in künstlicher Absonderung sich erhalten haben, oder
nach den Napoleon'schen Kriegen nach Laune geschaffen wurden,
in den allgemeinen Strom des Werdens gerissen, halb gezogen, halb
aus sich selbst in ihn getrieben. Die Völker mit gemeinsamer Sprache,
Sitte und Cultur suchen, mit unwiderstehlicher Gewalt, die staat=
liche Einheit, damit sie in dem furchtbaren Kampfe der Nationen
um die politische Existenz nicht unterliegen und vergewaltigt werden.

Dieses Streben drängt auch gegen die Wände großer Staaten, welche Völker verschiedener Nationalität in sich schließen."

Mainländer nimmt bei seinen Erwägungen über die rein politischen Fragen auch die Gelegenheit wahr, die gesunde Verbindung des Kosmopolitismus mit der Vaterlandsliebe festzustellen. „Ersterer ist, in unserer Zeit, nur im Princip festzuhalten, d. h. es darf nicht aus den Augen verloren werden, daß alle Menschen Brüder und berufen sind, erlöst zu werden. Aber es herrschen jetzt noch die Gesetze der Ausbildung des Theils und der Völkerrivalität. Die Grundbewegung ist noch nicht, als eine einheitliche, auf die Oberfläche gekommen, sondern legt sich hier noch in verschiedene Bewegungen auseinander. Diese müssen erst zusammengefaßt werden, um das Bild jener zu geben, d. h. jene muß sich aus den verschiedenartigen Bestrebungen der einzelnen Nationen erzeugen. Es hat sich demnach der Wille des Individuums, die ganze Menschheit im Auge behaltend, an der Mission seines Vaterlandes zu entzünden. In jedem Volke herrscht der Glaube an eine solche Mission, nur ist sie bald eine höhere, bald eine tiefere; denn das nächste Bedürfniß entscheidet, und die Gegenwart behält Recht. So ist die Mission eines Volkes, dem noch die Einheit fehlt, sich zunächst die Einheit zu erringen, und seine Bürger mögen für das Nähere eintreten, im Vertrauen, daß ein günstiger situirtes Brudervolk inzwischen das höhere Ziel erreicht und die Befruchtung alsdann nicht ausbleiben kann. Es gilt also für die Geschichtsperiode, in der wir leben, das Wort: Aus Kosmopolitismus sei Jeder ein opferwilliger Patriot!" Daß Mainländer mit dieser Anschauungsweise den Nagel auf den Kopf getroffen hat, wird kein Besonnener bestreiten können. Und wenn man sich erst in sein Werk vertieft, wird man finden, daß er, den die Wahrheit geliebt wie keinen Anderen, alles Gegensätzliche und Widerstrebende stets zu vereinigen und unter einen versöhnenden Gesichtspunkt zu bringen weiß.

Das Gesetz des Humanismus offenbart sich auf sehr verschiedenartige Weise und zwar sowohl im Innern der Culturstaaten, als in der Wirksamkeit derselben nach außen. Hören wir, was Mainländer in der zuletzt genannten Beziehung sagt: „Ueberall, wohin die Vertreter großer Nationen kommen, wird die persönliche Freiheit des Individuums gefordert. Es sollen keine persönlich

Unfreien mehr in der Welt sein; die Sklaverei soll auf dem ganzen Erdboden aufhören. Ferner suchen alle civilisirten Staaten all= mählich aus dem Naturzustande, in welchem sie zu einander stehen, herauszukommen. Bereits sind mehrere leichte Conflikte zwischen Staaten durch Schiedsrichter geschlichtet worden, und mehrere mächtige Ver= eine sorgen dafür, daß in der angedeuteten Richtung immer weiter vorwärts gegangen wird. Auf diesem Wege liegt ein völkerrecht= liches Gesetzbuch; und wird die Bewegung nicht durch Strömungen auf social=politischem Gebiete abgelenkt, so wird sie, darüber kann kein Zweifel sein, schließlich die „vereinigten Staaten von Europa" herbeiführen."

„Der Kampf des Staates mit der Kirche ist jetzt in einer Weise ausgebrochen, welche einen gesunden Friedensschluß unmöglich macht: er ist einem Duell zu vergleichen, in dem Einer bleiben muß. Daß der Staat siegen wird, liegt im Entwicklungsgange der Menschheit."

Nachdem Mainländer die rein politischen Verhältnisse der übrigen Welttheile besprochen hat, betritt er das ökonomische (so= cial=politische) Gebiet, auf dem uns die sogenannte sociale Frage allein begegnet. „Ihr liegt das Gesetz der Verschmelzung durch innere Umwälzung zu Grunde, welches, sobald die Frage gelöst ist, keine Erscheinung mehr im Leben der Menschheit leiten wird: denn dann ist der Anfang des Endes herbeigekommen. Die sociale Frage ist nichts Anderes, als eine Bildungs=Frage, wenn sie auch an der Oberfläche ein ganz anderartiges Ansehen hat; denn in ihr handelt es sich lediglich darum, alle Menschen auf diejenige Erkenntnißhöhe zu bringen, auf welcher allein das Leben richtig beurtheilt werden kann. Da aber der Weg zu dieser Höhe durch rein politische und ökonomische Hindernisse gesperrt ist, so stellt sich die sociale Frage in der Gegenwart nicht als eine reine Bildungsfrage, sondern vorerst als eine politische, dann als eine ökonomische dar. Es müssen demnach, in den nächsten Perioden der Zukunft, zuvörderst die Hindernisse im Wege der Menschheit fortgeschafft werden. Das Hinderniß auf rein po= litischem Felde ist der Ausschluß der besitzlosen Volksklassen von der Regierung des Staates. Es wird durch die Gewährung des allgemeinen und direkten Wahlrechts beseitigt. Die Forderung dieses Wahlrechts ist in mehreren Staaten bereits gewährt worden, und

alle anderen müffen mit der Zeit dem Beifpiele folgen: fie können
nicht zurückbleiben .... Jede gefetzgebende Verfammlung, die auf
dem allgemeinen und direkten Wahlrecht beruht, ift der a d ä q u a t e
Ausdruck des Volkswillens, denn fie ift es auch dann, wenn ihre
Majorität dem Volke feindlich gefinnt ift, da die Wähler Furcht,
Mangel an Einficht u. f. w. verrathen und bekunden, daß fie einen
getrübten Geift haben. Ein befferes Wahlgefetz kann alfo dem
Volke nicht gegeben werden. Aber feine Anwendung kann eine
ausgedehntere werden . . . . . . Eine folche Ausdehnung hängt
aber von der Bildung der Einzelnen ab. Hier ftehen wir
vor dem ökonomifchen Hinderniß, durch welches das wahre Wefen
der focialen Frage bereits ganz deutlich zu erkennen ift. Der gemeine Mann foll feine politifchen Aemter v e r w a l t e n können. Zu
diefem Zwecke muß er Zeit gewinnen. Er muß Zeit haben, um
fich bilden zu können. Hier liegt der Quellpunkt der ganzen Frage.
Der Arbeiter hat jetzt thatfächlich nicht die Zeit dazu, fich auszubilden. Er muß, weil ihm nicht der ganze Ertrag feiner Arbeit
zufällt, indem das herrfchende Capital den Löwenantheil davon
nimmt, lange arbeiten, um überhaupt leben zu können, fo lange,
daß er, Abends zurückkehrend, keine Kraft mehr hat, feinen Geift
zu cultiviren. Die Aufgabe des Arbeiters ift alfo: fich einen kür-
zeren Arbeitstag bei auskömmlicher Exiftenz zu erringen. Hierdurch aber fteigert fich nicht nur der Preis der von ihm erzeugten
Produkte, fondern auch der Preis aller Lebensbedürfniffe, da in
der ökonomifchen Kette ein Glied von dem andern abhängt, und er
muß deshalb mit Nothwendigkeit L o h n e r h ö h u n g b e i g l e i c h -
z e i t i g e r V e r k ü r z u n g d e r A r b e i t s z e i t fordern; denn die
Lohnerhöhung wird von den allgemein geftiegenen Preifen abforbirt,
und es bleibt ihm nur die verkürzte Arbeitszeit als e i n z i g e r
Gewinn. Auf diefer Erkenntniß beruhen alle Strikes unferer Zeit.
Man darf fich nicht dadurch beirren laffen, daß die gewonnene Zeit,
wie das gewährte Wahlrecht, von den Meiften nicht richtig ange-
wandt wird. Der erkannte Vortheil wird allmählich Jeden
zur Sammlung drängen, wie fchon jetzt Viele die gewonnene Zeit
gehörig benutzen."

M a i n l ä n d e r betrachtet fodann die beiden Hauptmittel,
durch deren Anwendung die fociale Frage einer friedlichen Löfung
zugeführt werden könnte:

1) freie Schule, b. h. unentgeltlichen wissenschaftlichen Unterricht für Jeden;

2) gesetzliche Aussöhnung zwischen Capital und Arbeit.

In Bezug auf den zweiten Punkt sagt Mainländer unter Anderm: „Es ist zunächst vom Staate zu verlangen, daß er die Umbildung der Fabriken in Actiengesellschaften begünstige, jedoch die Bedingung stellend, daß der Arbeiter am Gewinn des Geschäfts betheiligt werde. Ferner kann man vom Staate fordern, daß er selbständige Fabrikanten zwinge, gleichfalls die Arbeiter am Gewinn zu betheiligen. (Mehrere Fabrikanten, in der richtigen Erkenntniß ihres Vortheils, haben dies bereits gethan.) Das Actiencapital werde zum landesüblichen Zinsfuße verzinst und andererseits der Lohn der Arbeiter nach Verdienst ausgezahlt. Der Reingewinn wäre dann in gleichen Hälften unter Capital und Arbeiter zu vertheilen; die Vertheilung unter die Arbeiter hätte nach Maßgabe ihres Lohnes zu geschehen. Man könnte dann allmählich, nach bestimmten Perioden, die Verzinsung des Capitals immer mehr herabsetzen; auch den Vertheilungsmodus des Reingewinnes allmählich immer günstiger für die Arbeiter feststellen; ja, durch allmähliche Amortisation der Actien mit einem bestimmten Theil des Reingewinnes, die Fabrik ganz in die Hände aller am Geschäft Betheiligten bringen. Ingleichen wären Banken und Handelsgesellschaften und der Ackerbau ähnlich zu organisiren, immer nach dem Gesetze der Ausbildung des Theils verfahrend, denn mit Einem Schlage können die socialen Verhältnisse nicht umgestaltet werden.“

Mainländer hält eine friedliche Lösung der socialen Bewegung nicht für unmöglich, wenn dieselbe von vernünftigen Arbeitgebern und den Guten und Gerechten aus den höheren Ständen derartig beeinflußt würde, daß ihr Gang ein stätiger bleibt. Er beschließt seine Betrachtungen hierüber mit Worten der erhabensten Begeisterung: „Sursum corda! Erhebt euch und tretet herab von der lichtvollen Höhe, von wo aus ihr das gelobte Land der ewigen Ruhe mit trunkenen Blicken gesehen habt; wo ihr erkennen mußtet, daß das Leben wesentlich glücklos ist; wo die Binde von euren Augen fallen mußte; — tretet herab in das dunkle Thal, durch das sich der trübe Strom der Enterbten wälzt und legt eure zarten, aber treuen, reinen, tapferen Hände in

die schwieligen eurer Brüder. „Sie sind roh." So gebt ihnen
Motive, die sie veredeln. „Ihre Manieren stoßen ab." So ver=
ändert sie. „Sie glauben, das Leben habe Werth. Sie halten die
Reichen für glücklicher, weil sie besser essen, trinken, weil sie Feste
geben und Geräusch machen. Sie meinen, das Herz schlage ruhiger
unter Seide, als unter dem groben Kittel." So enttäuscht sie;
aber nicht mit Redensarten, sondern durch die That. Laßt
sie erfahren, selbst schmecken, daß weder Reichthum, Ehre, Ruhm,
noch behagliches Leben glücklich machen. Reißt die Schranken ein,
welche die Bethörten vom vermeintlichen Glück trennen; dann zieht
die Enttäuschten an euere Brust und öffnet ihnen den Schatz eurer
Weisheit; denn jetzt giebt es ja nichts Anderes mehr auf dieser
weiten, weiten Erde, was sie noch begehren und wollen könnten, als
Erlösung von sich selbst."

Es ist nicht wahrscheinlich, daß die großen Umwälzungen,
welche das Nationalitätsprincip, der Kampf des Staates mit der
Kirche und die sociale Bewegung hervorbringen werden, sämmtlich
einen unblutigen Verlauf nehmen. Aber die Umwälzungen werden
sich rascher vollziehen und von weniger Gräueln begleitet sein: da=
für sorgen die Guten und Gerechten, oder, mit anderen Worten,
die zu einer Großmacht gewordene Humanität. Keine der
in Rede stehenden Umwälzungen wird in der nächsten Zukunft ganz
rein herbeigeführt werden. „In den Kampf des Staates mit der
Kirche werden Bestrebungen, die im Nationalitätsprincip wurzeln,
eingreifen, und zugleich wird die Fahne der Socialdemokratie ent=
faltet werden. Im Vordergrunde aber steht der Kampf des Staates
mit der Kirche, der Vernunft mit der Unwissenheit, der Wissenschaft
mit dem Glauben, der Philosophie mit der Religion, des Lichtes
mit der Finsterniß, und er wird der nächsten Geschichtsperiode die
Signatur geben. Welche europäischen Nationen sich in diesem
Kampfe gegenüberstehen werden, kann Niemand voraussagen. Da=
gegen ist sicher, daß Deutschland den Staatsgedanken vertreten,
Frankreich auf der Seite der Kirche stehen wird. Wer siegen wird,
ist fraglich; aber wie auch der Krieg ausfallen möge — die Mensch=
heit wird einen sehr großen Fortschritt machen." Von der tief=
gehenden Begründung dieses mit souveränem Urtheil gesprochenen
Satzes kann hier nur folgende Stelle mitgetheilt werden: „Wie
auch der unabwendbare, in der Entwicklung der Dinge liegende

neue Krieg mit Frankreich ausfallen möge, so ist gewiß, daß
nicht nur die Macht der Kirche vernichtet, sondern auch die sociale Frage
ihrer Lösung sehr nahe gebracht werden wird. Siegt Frankreich,
so muß es die Frage lösen. Siegt dagegen Deutschland, so
sind zwei Fälle möglich. Entweder entwickelt sich dann die sociale
Bewegung machtvoll aus dem in sich vollständig zerrütteten Frank=
reich: es entsteht in ihm ein Brand, der alle Culturvölker ergreifen
wird, oder Deutschland dankt großmüthig Denjenigen, deren Söhne
den größten Theil seines siegreichen Heeres ausgemacht haben, in=
dem es die schwersten Fesseln des Capitals von ihnen abstreift.
Soll Deutschland nur berufen sein, geistige Probleme zu lösen?
Ist es impotent auf ökonomischem Gebiete und kann es hier nur
immer Anderen nachsinken? Warum soll das Volk, das Luther,
Kant und Schopenhauer, Copernicus, Kepler und
Humboldt, Lessing, Schiller und Goethe geboren hat,
nicht zu dem Ruhmeskranz, Rom zum zweiten Male geschlagen
und diesmal zerschlagen zu haben, nicht auch den anderen fügen
können, die sociale Frage gelöst zu haben?"

Wie die sociale Bewegung nothwendig zur Nivellirung
der ganzen Gesellschaft führen muß, weiß Mainländer ungemein
faßlich darzustellen: „Die Corruption und Verdorbenheit in den
oberen Classen der heutigen Gesellschaft ist groß. Der Aufmerk=
same findet in ihnen alle Fäulnißerscheinungen wieder, welche ich
am absterbenden römischen Volke gezeigt habe. Ueberall nun, wo
Fäulniß in der Gesellschaft auftritt, offenbart sich das Gesetz der
Verschmelzung; denn die Civilisation hat, wie ich mich bildlich aus=
drückte, das Bestreben, ihren Kreis zu erweitern, und sie schafft
gleichsam die Fäulniß, damit wilde Naturvölker, angelockt, ihre
langsame Bewegung aufgeben und sie mit der raschen der Civili=
sation vertauschen. Wo sind aber die wilden Naturvölker, welche
jetzt in die Staaten eindringen könnten? Es ist wahr: die Lebens=
kraft der romanischen Nationen ist kleiner als die der germanischen,
und die Kraft dieser geschwächter, als die der slavischen Völker.
Aber eine Völkerwanderung kann nicht mehr stattfinden; denn alle
diese Nationen sind bereits in einem geschlossenen Kreise der Civi=
lisation und in jeder dieser Nationen, in Rußland so gut als
in Frankreich, ist die Fäulniß vorhanden. Die Regeneration
kann also nur von unten herauf stattfinden, nach dem Gesetze

der Verschmelzung im Innern, dessen Folgen aber diesmal andere sein werden, als die in Griechenland und Rom waren. Erstens existiren keine persönlich Unfreien mehr, dann sind die Mauern schon halb zertrümmert. Das Gesetz wird deshalb die Nivellirung der ganzen Gesellschaft herbeiführen."

Die Entwicklung des rein geistigen Lebens in der Zukunft verfolgend, spricht Mainländer der Kunst im Allgemeinen nur eine beschränkte Weiterbildung zu. Der Dichtkunst allein bleibe noch ein hohes Ziel. Sie habe neben den optimistischen Faust, der, thätig und schaffend, im Leben an sich scheinbare Befriedigung fand, den pessimistischen zu stellen, der sich den ächten Seelenfrieden erkämpfte.*)

Mainländer's Ansicht in Bezug auf das von den Naturwissenschaften noch zu Leistende ist in dieser Schrift mit dem Motto zum Abschnitt „Physik" bereits bekannt gegeben worden.

„Die Religion wird, in dem Maße als die Wissenschaft wächst, immer weniger Bekenner finden. Die Verbindung des Rationalismus mit der Religion (Deutsch-Katholicismus, Alt-Katholicismus, Neu-Protestantismus, Reform-Judenthum u. s. w.) beschleunigt ihren Untergang und führt zum Unglauben wie der Materialismus. Das reine Wissen dagegen zerstört nicht den Glauben, sondern ist seine Metamorphose; denn die reine Philosophie ist die durch die Vernunft geläuterte, im Grunde aber nur bestätigte Religion der Liebe.

„Die Philosophie selbst endlich wird gleichfalls einen Abschluß finden. Ihr Endglied wird die absolute Philosophie sein."

---

*) Sollte uns ein „pessimistischer Faust" nicht schon im „Wotan" erstanden sein, dem eigentlichen Helden in R. Wagner's bedeutendstem Dichterwerke: „Der Ring des Nibelungen"?

„Fahre denn hin,
herrische Pracht,
göttlichen Prunkes
prahlende Schmach!
Zusammen breche
was ich gebaut!
Auf geb' ich mein Werk,
Eines nur will ich noch,
das Ende — —
das Ende!" —

„Die Walküre", Act II.

Im idealen Staate, der historischen Form, welche die g a n z e Menschheit umfassen wird, sind allmählich alle Triebfedern aus dem Leben der Menschheit geschwunden: „Macht, Eigenthum, Ruhm, Ehe; alle Gefühlsbande sind allmählich zerrissen worden: „D e r M e n s c h i s t m a t t. Sein Geist beurtheilt jetzt richtig das Leben und sein Wille entzündet sich an diesem Urtheil. Jetzt erfüllt das Herz nur noch die eine Sehnsucht: ausgestrichen zu sein für immer aus dem großen Buche des Lebens. Und der Wille erreicht sein Ziel: den absoluten Tod."

Aus dem die „Politik" abschließenden Capitel mag endlich noch folgende, unanfechtbare Stelle mitgetheilt werden: „Jede Definition der Bewegung der Menschheit, welche den absoluten Tod nicht als Zielpunkt enthält, ist zu kurz, weil sie nicht sämmt= liche Vorgänge deckt. Wäre die wahre Bewegung nicht deutlich zu erkennen, so müßte die immanente Philosophie den absoluten Tod, als Zielpunkt, postuliren. Alle individuellen Lebensläufe: die kurze Lebenszeit von Kindern, von Erwachsenen, die der Tod ver= nichtet, ehe sie zeugen konnten, und die lange Lebenszeit solcher Menschen, welche auf die Kinder ihrer Kindeskinder blicken, müssen sich, wie auch alle Lebensläufe von Menschengruppen (von Judia= nerstämmen, Südsee = Insulanern) zwanglos in die aufgestellte Be= wegung der Menschheit einreihen lassen. Ist dies in einem einzi= gen Falle nicht thunlich, so ist die Definition f a l s c h. Die Bewe= gung der Menschheit aus dem Sein in das Nichtsein deckt nun alle, alle besonderen Bewegungen. Der Denker, der sie erkannt hat, wird kein Blatt der Geschichte mehr mit Erstaunen lesen, noch wird er klagen. Er wird weder fragen: was haben die Einwohner Sodom's und Gomorrha's verschuldet, daß sie untergehen mußten? was haben die 30,000 Menschen verschuldet, die das Erdbeben von Riobomba in wenigen Minuten vernichtete? was die 40,000 Men= schen, welche bei der Zerstörung Sidon's den Flammentod fanden? noch wird er klagen über die Millionen Menschen, welche die Völ= kerwanderung, die Kreuzzüge und alle Kriege in die Nacht des Todes gestoßen haben. Die g a n z e M e n s c h h e i t i s t d e r V e r= n i c h t u n g g e w e i h t."

VII.

Metaphysik.

> Die wahre metaphysische Bedeu=
> tung der Welt, das Credo aller Guten
> und Gerechten, ist die Entwicklung der Welt
> mit der Menschheit an der Spitze. Die
> Welt ist Durchgangspunkt, aber nicht zu
> einem neuen Zustand, sondern zur Ver=
> nichtung.   Mainländer.

> Wohl Dem, der gern die trübe
>   Scholle unten
> Verläßt und sich das Paradies
>   errang.
> Hier ist kein Werden, hier ist kein Vergeh'n,
> Hier ist kein Kampf und kein Getrenntsein
>   — hier
> Ist ew'ger Friede — Ruhe — ew'ge Liebe. —
>   Mainländer.
> „Die letzten Hohenstaufen."

In der Metaphysik stellt sich Mainländer's Philosophie
einfach auf den höchsten immanenten Standpunkt, von welchem aus
sie das ganze immanente Gebiet, von seiner Entstehung an bis zur
Gegenwart, nochmals betrachtet und seine Zukunft beurtheilt.

Aus der in der Analytik und Physik gewonnenen Erkenntniß,
daß die einfache Einheit existirte, folgt von selbst die andere,
sehr wichtige, daß die einfache Einheit auch ein bestimmtes Wesen
haben mußte, denn jede Existentia setzt eine Essentia. Von dieser
Essentia Gottes können wir uns, wie von seiner Existentia, frei=
lich nicht die geringste Vorstellung machen. Indessen stehen wir
vor einer That, der ersten und einzigen That der einfachen Ein=
heit: Dem Zerfall der Einheit in die Vielheit, dem Uebergang des
transscendenten Gebietes in das immanente, dem Tod Gottes und
der Geburt der Welt. Diese That der einfachen Einheit darf nicht
ein motivirter Willensact genannt werden; denn „die imma=

nenten Principien, Wille und Geist, können schlechterdings nicht auf das vorweltliche Wesen übertragen werden, wir dürfen sie nicht zu constitutiven Principien für die Ableitung der That machen. Dagegen dürfen wir dieselben zu regulativen Principien für „die bloße Beurtheilung" der That machen, d. h. wir dürfen uns die Entstehung der Welt dadurch zu erklären versuchen, daß wir sie auffassen, als ob sie ein motivirter Willensact gewesen sei."

Unter dem solchermaßen aufgestellten, sehr fest zu haltenden Gesichtspunkt gelangt Mainländer nach tiefsinnigen Betrachtungen zu folgendem stückweise zusammengesetzten Resultat:

1) Gott wollte das Nichtsein;

2) sein Wesen war das Hinderniß für den sofortigen Eintritt in das Nichtsein;

3) das Wesen mußte zerfallen in eine Welt der Vielheit, deren Einzelwesen alle das Streben nach dem Nichtsein hatten;

4) in diesem Streben hindern sie sich gegenseitig, sie kämpfen mit einander und schwächen auf diese Weise ihre Kraft

5) das ganze Wesen Gottes ging in die Welt über in veränderter Form, als eine bestimmte Kraftsumme;

6) die ganze Welt, das Weltall, hat Ein Ziel, das Nichtsein, und erreicht es durch continuirliche Schwächung seiner Kraftsumme;

7) jedes Individuum wird, durch Schwächung seiner Kraft, in seinem Entwicklungsgang bis zu dem Punkte gebracht, wo sein Streben nach Vernichtung erfüllt werden kann.

Mainländer unterwirft sodann von diesen Resultaten diejenigen, welche sich auf das immanente Gebiet beziehen, einer strengen Prüfung. Sich zunächst dem unorganischen Reich des Weltalls zuwendend, gewinnt er die Einsicht, daß der Wille der chemischen Idee reiner Wille zum Tode ist. Wir haben es überhaupt nur deshalb mit einem Willen zu thun, weil etwas erlangt werden soll, was noch nicht ist, weil ein retardirendes Moment vorhanden ist, das die sofortige Erreichung unmöglich macht. Dieses redartirende Moment liegt bei den Gasen im Individuum, indem jedes Gas das Streben hat, nach allen Seiten auseinander zu treten, wodurch es immer schwächer und schwächer wird, ohne je ganz vernichtet zu werden. Die Flüssigkeiten und festen Körper aber werden von außen verhindert, ihr Streben nach einem idealen, außer ihnen liegenden Mittelpunkt, d. h. ihr Streben nach dem Nichtsein zu erreichen. Sie können die Erfüllung ihres Strebens nicht eher erlangen, als bis sämmtliche Gase so weit geschwächt sind, daß auch sie fest oder flüssig werden, oder mit andern Worten: „Das Weltall kann nicht eher zu Nichts werden, als bis die ganze in ihm enthaltene Kraftsumme reif für den Tod ist." In der Physik haben wir das gehemmte Streben aller Ideen ganz richtig als Leben erkannt, aber, „da wir dabei stehen bleiben, oder besser: ohne Metaphysik dabei stehen bleiben mußten, so irrten wir in der Erklärung des Willens. Die chemische Idee will den Tod, kann ihn jedoch nur durch den Kampf erlangen, und deshalb lebt sie: sie ist in ihrem innersten Kern Wille zum Tode."

Zum Leben der organischen Individuen übergehend, erfahren wir, daß vom Standpunkte der Metaphysik aus die Pflanze Wille zum Tode ist, wie die chemische Idee, und Wille zum Leben; die Resultirende dieser Bestrebungen ist der relative Tod, der ihr auch zu Theil wird.

„Während in der Pflanze noch neben dem Willen zum Tode der Wille zum Leben steht, steht beim Thiere der Wille zum Leben vor dem Willen zum Tode und verhüllt ihn ganz: das Mittel ist vor den Zweck getreten. So will auf der Oberfläche das Thier nur das Leben, ist reiner Wille zum Leben und fürchtet den Tod, den es auf dem Grunde seines Wesens allein will. Denn, frage ich auch hier, könnte das Thier sterben, wenn es nicht sterben wollte?"

„Der Mensch ist zunächst Thier, und was wir von diesem sagten, das gilt auch von ihm. Als Thier steht in ihm der Wille zum Leben vor dem Willen zum Tode, und das Leben wird dämonisch gewollt und der Tod dämonisch gefürchtet. Im Menschen hat aber eine weitere Spaltung der Bewegung stattgefunden. Zur Vernunft, die das Mannigfaltige der Wahrnehmung verbindet, ist das Denken getreten, die reflectirende Vernunft, die Reflexion. Hierdurch wird sein Thierleben wesentlich modificirt und zwar nach zwei ganz verschiedenen Richtungen." Einerseits wird die Todesfurcht und die Liebe zum Leben gesteigert. Andererseits „steigt vor dem Geiste des Denkers, strahlend und leuchtend, aus der Tiefe des Herzens der reine Zweck des Daseins empor, während das Mittel ganz verschwindet. Nun erfüllt das erquickende Bild ganz seine Augen und entzündet seinen Willen: machtvoll lodert die Sehnsucht nach dem Tode auf, und ohne Zaudern ergreift der Wille, in moralischer Begeisterung, das bessere Mittel zum erkannten Zweck, die Virginität. Ein solcher Mensch ist die einzige Idee in der Welt, welche ·den absoluten Tod, indem sie ihn will, auch erreichen kann."

„Fassen wir zusammen, so ist Alles in der Welt Wille zum Tode, der im organischen Reich, mehr oder weniger verhüllt, als Wille zum Leben auftritt. Das Leben wird vom reinen Pflanzentrieb, vom Instinkt und schließlich dämonisch und bewußt gewollt, weil auf diese Weise das Ziel des Ganzen, und damit das Ziel jeder Individualität, schneller erreicht wird." Es hat sich somit, auf der Oberfläche, noch ein wichtiger Unterschied zwischen dem unorganischen und dem organischen Reich ergeben.

Mainländer versenkt sich an der Hand der gewonnenen Resultate nochmals in das organische Leben und zeigt uns am Schlusse dieser weiteren, neues Licht auf das Wesen der Organismen werfenden Auseinandersetzungen mit unwiderleglichen Beweismitteln, daß derjenige Mensch, welcher „in moralischer Begeisterung die Virginität glutvoll erfaßt" hat, um die volle und ganze Erlösung vom Dasein zu erlangen, weder in einem bedauerlichen Wahn liegt, noch gegen die Natur handelt, daß er vielmehr durch Unterdrückung des Geschlechtstriebes einen Kampf kämpft, wodurch die Kraftsumme im Weltall wirksamer geschwächt wird, als durch die volle Hingabe an das Leben.

Das organische Reich ist die vollkommenste Form für die Abtödtung der es durchkreisenden chemischen Ideen und wird dereinst mit derselben Nothwendigkeit, mit der es entstanden ist, zerbrechen und verschwinden. Dieses Ereigniß und dann, den Untergang des Weltall's faßt Mainländer jetzt in's Auge ohne mit „Vernunft zu rasen". Er knüpft an das in der Politik gefundene Resultat an, daß es das unerbittliche, unabänderliche Schicksal der Menschheit ist, in die Arme des Todes zu sinken. Ob sie das „große Opfer" in moralischer Begeisterung, oder durch Impotenz, oder in einem wilden, fanatischen Aufflackern der letzten Lebenskraft bringen

wird, ist ganz gleichgültig. Mainländer verschmäht es, hierüber eine Hypothese*) aufzustellen, sondern sagt vielmehr: „Wir be-
gnügen uns damit, einfach zu konstatiren, daß der Abgang der
Menschheit von der Weltbühne Wirkungen haben wird, welche in
der einen und einzigen Richtung des Weltalls liegen. Wir können
jedoch als so gut wie sicher hinstellen, daß die Natur aus den
verbleibenden Thieren keine neuen menschenähnlichen Wesen hervor-
treten lassen wird; denn was sie mit der Menschheit bezweckte, d. h.
mit der Summe von Einzelwesen, welche deshalb die denkbar höchsten
Wesen im ganzen All sind, weil sie ihren innersten Kern aufheben
können — (auf anderen Sternen können gleichwerthige, aber keine
höheren Wesen existiren) — das findet auch in der Menschheit seine
ganze Erfüllung. Es wird keine Arbeit übrig bleiben, die eine
neue Menschheit zu Ende bringen müßte. Wir können ferner
sagen, daß der Tod der Menschheit den Tod des ganzen organischen
Lebens auf unserem Planeten zur Folge haben wird. Wahrscheinlich
schon vor dem Eintritt der Menschheit in den idealen Staat, gewiß
in diesem, wird dieselbe das Leben der meisten Thiere (und Pflanzen)
in ihrer Hand halten, und sie wird ihre „unmündigen Brüder",
namentlich ihre treuen Hausthiere, nicht vergessen, wenn sie sich
erlöst. Es werden die höheren Organismen sein. Die niederen
aber werden, durch die herbeigeführte Veränderung auf dem Planeten,
die Bedingungen ihrer Existenz verlieren und erlöschen.

„Blicken wir jetzt wieder auf die ganze Welt, so lassen wir
zunächst die Wirkung auf sie einfließen, welche die Erlöschung alles
organischen Lebens auf der Erde auf sie, in allen ihren Theilen,
ausüben muß, ohne uns anzumaßen, das „Wie" anzugeben. Dann
halten wir uns an die Thatsache, welche wir den Astronomen verdanken, daß sämmtliche Weltkörper, durch den Widerstand des
Aethers, ihre Bahnen allmählich verengern und schließlich alle in
die echte Centralsonne stürzen werden. Die Neubildungen, welche
aus diesen particellen Weltbränden entstehen werden, dürfen uns
nicht beschäftigen. Wir stellen uns sofort an dasjenige Glied der
Entwicklungsreihe, welches uns nur noch feste oder flüssige Körper
zeigt. Alle Gase sind aus dem Weltall verschwunden, d. h. die

---

*) Nach Gobineau (essai sur l'inégalité des races humaines) steht
der Menschheit in Folge der durch die Racenmischung herbeigeführten und
zunehmenden Degeneration ein langsames Dahinwelken bevor.

zähe Kraftsumme hat sich derartig geschwächt, daß nur noch feste und flüssige Körper das Weltall constituiren. Am besten nehmen wir an, daß Alles, was dann noch existirt, nur flüssig ist. Der Erlösung dieser Flüssigkeiten steht jetzt absolut Nichts mehr im Wege. Jede hat freie Bahn: jeder gedachte Theil derselben geht durch den idealen Punkt und sein Streben ist erfüllt, d. h. er ist in seinem innersten Wesen vernichtet.

„Und dann? Dann ist Gott thatsächlich aus dem Uebersein, durch das Werden, in das Nichtsein übergetreten; er hat durch den Weltprozeß gefunden, was er, von seinem Wesen verhindert, nicht sofort erreichen konnte: das Nichtsein ..... Es ist vollbracht"!

Mit seiner Lehre vom Ziel des Weltprocesses steht Mainländer durchaus nicht vereinzelt da. Denn, um nur die drei wichtigsten Zeugen zu hören:

„O du zertrümmert Meisterstück der Schöpfung! —
So nutzt das große Weltall einst sich ab
Zu Nichts."

    Shakespeare, „König Lear": Aufz. IV Sc. VI.

„Das Weltall wird ganz bestimmt zerstört."

    Budha. (Nach Spence Hardy.)

„Himmel und Erde werden vergehen."

    Christus.

Diese letzte Stelle wird nicht etwa dadurch entkräftet, daß Christus ein Himmelreich, also nur eine Umwandlung der Welt gelehrt habe. Christus wollte mit dem ewigen seligen Leben offenbar dem Drange nach dem irdischen Leben ein Gegenmotiv geben, welches die Kraft hatte, von der Welt abzuziehen. Ueberdies spricht er die unverblümte Wahrheit sogar selbst aus: „Das Reich Gottes kommt nicht mit äußerlichen Geberden. Man wird auch nicht sagen: Siehe hier, oder da ist es. Denn sehet, das Reich Gottes ist inwendig in Euch". (Luc. 17, 20—21.)

Nach der Ergänzung der in der Physik gewonnenen halben Resultate betrachtet Mainländer nochmals die Aesthetik. Dieselbe zeigt sich jedoch vom höchsten immanenten Standpunkte aus gerade so, wie von dem früher eingenommenen, niederen. „Im Reich des Schönen wird auf Nichts mehr gewartet: da soll nicht erst noch Etwas kommen! Es liegt ganz im entzückenden Glanze der vorweltlichen Existenz Gottes, ja, es ist der entzückende Glanz selbst des ganz in sich beruhigten Wesens Gottes, der einfachen Einheit (mit Absicht auf das contemplative Subjekt) und die Objektivirung der Fortsetzungen der wundervollen, harmonischen ersten Bewegung, als Gott starb und die Welt geboren wurde."

„Dagegen weist die Ethik mehrere sehr ergänzungsbedürftige Resultate auf. Metaphysisch ergänzt, stellen sie sich aber auch dar als Lösungen der schwersten philosophischen Probleme. Es läßt die Wahrheit ihren letzten Schleier fallen und zeigt uns das echte Zusammenbestehen von Freiheit und Nothwendigkeit, die volle Autonomie des Individuums und das reine Wesen des Schicksals, aus dessen Erkenntniß ein Trost, eine Zuversicht, ein Vertrauen fließt, wie es selbst das Christenthum und der Budhaismus ihren Bekennern nicht bieten können; denn die Wahrheit, welche der Mensch erkennt, befriedigt ihn in ganz anderer Weise, als die, welche er glauben muß."

In der Ethik, wo der richtige Ueberblick fehlte, mußte die Verneinung des Willens zum Leben als der volle Gegensatz zur Bejahung des Willens hingestellt werden. Jetzt aber, da das ganze immanente Gebiet „im milden Lichte der Erkenntniß" vor uns liegt, müssen wir erklären, daß die Verneinung des Willens nicht im Gegensatz zur Bejahung steht. Derjenige, welcher sich mit derselben Nothwendigkeit, mit der der rohe Mensch das Leben mit tausend Armen umklammert, vom Leben abwenden mußte, geht, „weitab von der großen Heerstraße der Erlösung, auf dem kurzen Pfad der Erlösung: vor ihm liegt in goldenem Lichte die Höhe, er sieht sie und er wird sie erreichen . . . . . . Es wollen Beide das Selbe, und Beide erlangen, was sie wollen; der Unterschied zwischen Beiden liegt nur in der Art ihrer Bewegung. Die Verneinung des Willens zum Leben ist eine schnellere Bewegung als die der Bejahung. Es ist dasselbe Verhältniß, wie zwischen Civilisation und Naturzustand, das wir in der Politik kennzeichneten. In der Civilisation bewegt sich die Menschheit rascher als im Naturzustand: in beiden Formen aber hat sie dasselbe Ziel". Diese überaus wichtige Beziehung zwischen Bejahung und Verneinung des Willens erklärt Mainländer weiterhin mit überzeugenden Worten und knüpft daran eine wahrhaft befreiend wirkende Besprechung der unseligen Begriffe Optimismus und Pessimismus. „Es ist so hell wie das Licht der Sonne. Der Optimismus soll Gegensatz des Pessi-

mismus sein? Wie dürftig und verkehrt! . . . . Wer ist denn
Optimist? Optimist ist mit Nothwendigkeit Der, dessen Wille noch
nicht r e i f ist für den Tod. Seine Gedanken und Maximen (seine
Weltanschauung) sind die Blüthen seines Dranges und Hungers
nach Leben . . . . Und wer ist ein Pessimist? muß es sein? Wer
r e i f ist für den Tod. Er kann so wenig das Leben lieben, wie
jener vom Leben sich abwenden kann . . . . So lasset die Waffen
sinken und streitet nicht mehr; denn euren Kampf hat ein Mißver=
ständniß veranlaßt: ihr wollt Beide das Selbe."

Hier ist in M a i n l ä n d e r' s Werk auch der geeignete Ort,
an dem die immanente Philosophie ihre Stellung dem Selbstmörder
und Verbrecher gegenüber zu präcisiren hat.

„Wie leicht fällt der Stein aus der Hand auf das Grab des
Selbstmörders, wie schwer dagegen war der Kampf des armen
Menschen, der sich so gut gebettet hat. Erst warf er aus der Ferne
einen ängstlichen Blick auf den Tod und wandte sich entsetzt ab;
dann umging er ihn zitternd in weiten Kreisen; aber mit jedem
Tage wurden sie enger, und zuletzt schlang er die müden Arme um
den Hals des Todes und blickte ihm in die Augen: und da war
Friede, süßer Friede. . . . . . . Wohl wendet sich die immanente
Philosophie mit ihrer E t h i k auch an die Lebensmüden und sucht
sie zurückzuziehen mit freundlichen Worten der Ueberredung, sie
auffordernd, sich am Weltgang zu entzünden und durch reines
Wirken für Andere diesen beschleunigen zu helfen —; aber wenn
auch dieses Motiv nicht wirkt, wenn es unzureichend für den be=
treffenden Charakter ist, dann zieht sie sich still zurück und beugt
sich dem Weltlauf, der den Tod dieses bestimmten Individuums
n ö t h i g hat und es deshalb mit Nothwendigkeit auslöschen muß;
denn nehmt das u n b e d e u t e n d s t e Wesen aus der Welt, und der
Weltlauf wird ein a n d e r e r werden, als wenn es geblieben wäre.
Die immanente Philosophie darf nicht verurtheilen; sie kann es
nicht. Sie fordert nicht zum Selbstmord auf; aber der Wahrheit
allein dienend, mußte sie Gegenmotive von furchtbarer Gewalt zer=
stören. . . . . . Wenn seither die Vorstellung einer individuellen
Fortdauer nach dem Tode, in einer Hölle oder in einem Himmel=
reich, Viele vom Tode abhielt, die immanente Philosophie dagegen
Viele in den Tod führen wird — so soll dies fortan*) so sein,

---

*) Welche Rolle der Selbstmord in zukünftigen Zeiten spielen wird,

wie jenes vorher sein sollte, denn jedes Motiv, das in die Welt tritt, erscheint und wirkt mit Nothwendigkeit". Mainländer weist im zweiten Bande seines Werkes darauf hin, daß Budha den Selbstmord angerathen und Christus Nichts gegen denselben gesagt habe. Die Moral Christi sei vielmehr gar nichts Anderes als Anbefehlung langsamen Selbstmordes. Seine wiederholten Aeußerungen über den Selbstmord motivirt Mainländer schließlich mit den Worten: „Ich bestehe deshalb so sehr auf diesem Punkt, weil, wie ich offen gestehen muß, das herzlose Urtheil der meisten Menschen, namentlich der Pfaffen, über den Selbstmörder das Ein= zige ist, was mich noch tief empören kann. Ich möchte ferner alle windigen Motive zerstören, welche den Menschen abhalten können, die stille Nacht des Todes zu suchen, und wenn mein Bekenntniß, daß ich ruhig das Dasein abschütteln werde, wenn die Todessehn=

---

weiß uns auch der geistreiche Nietzsche auf eine originelle Art zu erklären: „Was ist vernünftiger, die Maschine still zu stellen, wenn das Werk, das man von ihr verlangte, ausgeführt ist, — oder sie laufen zu lassen, bis sie von selber still steht, d. h. bis sie verdorben ist? Ist Letzteres nicht eine Vergeu= dung der Unterhaltungskosten, ein Mißbrauch mit der Kraft und der Auf= merksamkeit der Bedienenden? Wird hier nicht weggeworfen, was anderswo sehr Noth thäte? Wird nicht selbst eine Art Mißachtung gegen die Maschinen verbreitet, dadurch, daß viele von ihnen so nutzlos unterhalten und bedient werden? — Ich spreche vom unfreiwilligen (natürlichen) und vom freiwilligen (vernünftigen) Tode. Der natürliche Tod ist der von aller Vernunft unab= hängige, der eigentlich unvernünftige Tod, bei dem die erbärmliche Substanz der Schale darüber bestimmt, wie lange der Kern bestehen soll oder nicht; bei dem also der verkümmernde, tiefkranke und stumpfsinnige Gefängnißwärter der Herr ist, der den Punkt bezeichnet, wo sein vornehmer Gefangener sterben soll. Der natürliche Tod ist der Selbstmord der Natur, d. h. die Vernichtung des vernünftigen Wesens durch das unvernünftige, welches an das erstere gebunden ist. Nur unter der religiösen Beleuchtung kann es umgekehrt erscheinen: weil dann, wie billig, die höhere Vernunft (Gottes) ihren Befehl gibt, dem die niedere Vernunft sich zu fügen hat. Außerhalb der religiösen Denkungsart ist der natürliche Tod keiner Verherrlichung werth. — Die weisheitsvolle Anord= nung und Verfügung des Todes gehört in jene jetzt ganz unfaßbar und un= moralisch klingende Moral der Zukunft, in deren Morgenröthe zu blicken ein unbeschreibliches Glück sein muß. (F. Nietzsche, „der Wanderer und sein Schatten".)

Diesen neuen Lehren vom Selbstmord wird der Weg am besten durch die Thatsache der täglich sich mehrenden Zahl der Selbstmorde geebnet. Nach Masaryk („der Selbstmord als sociale Massenerscheinung der modernen Civilisation") nehmen sich in Europa jährlich circa 50000 Menschen das Leben.

sucht in mir nur um ein Weniges noch zunimmt, die Kraft haben kann, Einen oder den Anderen meiner Nächsten im Kampfe mit dem Leben zu unterstützen, so mache ich es hiermit".*) Mainländer's milde Lehre in dieser ernsten Angelegenheit ist wieder ein handgreifliches Beispiel dafür, daß Schopenhauer's Philosophie berichtigt werden mußte. Schopenhauer steht zwar als Mensch dem Selbstmord vollkommen vorurtheilsfrei gegenüber und verwirft alle landläufigen Ansichten über denselben, ist aber im Zwange seines widerspruchsvollen Systems genöthigt, den Selbstmord für zwecklos zu erklären, — eine entsetzliche Lehre für ein verzweifelndes Herz!

Nicht weniger milde ist die immanente Philosophie dem Verbrecher gegenüber. In dem Capitel über diesen Gegenstand athmet aber auch jedes Wort Weisheit und Liebe. —

Mainländer wendet sich zum Schicksal. Das Weltalls-Schicksal ist, wie schon in der Physik festgesetzt wurde, die aus der continuirlichen Wirksamkeit aller Individuen des Weltalls continuirlich sich erzeugende Bewegung der ganzen Welt. „Vom Standpunkte eines bestimmten Menschen dagegen ändert sich die Ansicht. Hier ist es individuelles Schicksal (individueller Lebenslauf) und zeigt sich als Produkt zweier gleichwerthigen Faktoren: des bestimmten Individuums (Dämon und Geist) und des Zufalls (Summe der Wirksamkeit aller Individuen). Oder, wie wir in der Physik fanden: das Individuum hat nur eine halbe Selbstherrlichkeit, weil es zwingt und durch den Zufall wieder gezwungen wird, der eine ihm entgegentretende fremde, total von ihm unabhängige Macht ist". Obschon diese halbe Autonomie eine unumstößliche Thatsache auf immanentem Gebiete ist, kann sie dennoch ergänzt werden zur vollen Selbstherrlichkeit des Individuums wenn man das vergangene transcendente Gebiet an das reale immanente rückt: „Alles, was ist, war in der einfachen vorweltlichen Einheit. Alles, was ist, hat demnach, bildlich geredet, am Entschlusse Gottes, nicht zu sein, Theil genommen, hat in ihm den

---

*) Kurze Zeit später, nachdem Mainländer dies geschrieben hatte, vermochte er der Todessehnsucht nicht mehr länger zu widerstehen: er hatte das Leben im höchsten und in jedem Sinne überwunden. Ein leuchtendes Beispiel in der fernsten Zukunft, erfaßte er verklärt und ruhevoll das von ihm gelehrte Ziel des Weltprocesses.

Entschluß gefaßt, in das Nichtsein überzutreten. Das retardirende Moment, das Wesen Gottes, machte die sofortige Ausführung des Beschlusses unmöglich. Die Welt mußte entstehen, der Prozeß, in welchem das retardirende Moment allmählich aufgehoben wird. Diesen Proceß, das allgemeine Weltallsschicksal, bestimmte die göttliche Weisheit, (wir reden immer nur bildlich) und in ihr bestimmte Alles, was ist, seinen individuellen Lebenslauf".

„Jetzt vereinigt sich die Freiheit mit der Nothwendigkeit. Die Welt ist der freie Act einer vorweltlichen Einheit; in ihr aber herrscht nur die Nothwendigkeit, weil sonst das Ziel nie erreicht werden könnte. Alles greift mit Nothwendigkeit ineinander, Alles conspirirt nach einem einzigen Ziele. Und jede Handlung des Individuums (nicht nur des Menschen, sondern aller Ideen in der Welt) ist zugleich frei und nothwendig: frei, weil sie vor der Welt, in einer freien Einheit beschlossen wurde, nothwendig, weil der Beschluß in der Welt verwirklicht, zur That wird. . . . . . Und nun erwäge man den Trost, die unerschütterliche Zuversicht, das selige Vertrauen, das aus der metaphysisch begründeten realen Autonomie des Individuums fließen muß. Alles, was den Menschen trifft: Noth, Elend, Kummer, Sorgen, Krankheit, Schmach, Verachtung, Verzweiflung, kurz, alles Herbe des Lebens, fügt ihm nicht eine unergründliche Vorsehung zu, die sein Bestes auf eine unerforschliche Weise beabsichtigt, sondern er erleidet dieses Alles, weil er, vor der Welt, Alles als bestes Mittel zum Zweck selbst erwählte. Alle Schicksalsschläge, die ihn treffen, hat er erwählt, weil er nur durch sie erlöst werden kann. Sein Wesen (Dämon und Geist) und der Zufall führen ihn durch Schmerz und Wolluft, durch Freude und Trauer, durch Glück und Unglück, durch Leben und Tod treu zur Erlösung, die er will. Nun ist ihm auch die Feindesliebe möglich, wie dem Pantheisten, Budhaisten und Christen; denn die Person verschwindet vor ihrer That, die nur deshalb an der Hand des Zufalls in die Erscheinung treten konnte, weil der Leidende sie vor der Welt wollte. So gibt die Methaphysik meiner Ethik die letzte und höchste Weihe."

„Es hat der Mensch den natürlichen Hang, das Schicksal zu personificiren und das absolute Nichts, das ihm aus jedem Grabe entgegenstarrt, mystisch zu erfassen als eine Stätte ewigen Friedens, als city of peace, Nirwana: als neues Jerusalem. . . . .

Die Hauptsache bleibt, daß der Mensch die Welt durch das Wissen überwunden hat. Ob er das erkannte Ziel der Welt als absolutes Nichts stehen läßt, oder ob er es umwandelt in einen lichtdurch=flutheten Garten des ewigen Friedens —: das ist völlig Nebensache. Wer möchte das unschuldige, gefahrlose Spiel der Phantasie unter=brechen? Der Weise aber blickt fest und freudig dem a b s o l u t e n N i c h t s in's Auge."

———

„Des Lebens Räthsel ist außerordentlich einfach; und dennoch gehörte die höchste Bildung und die größte Erfahrung dazu, um es zu errathen, so wie auch stets diese Bedingungen erst bei Dem=jenigen erfüllt sein müssen, der die Lösung für richtig anerkennen soll." (M a i n l ä n d e r, Essay „Aehrenlese".)

VIII.

Der Budhaismus.

> Die Budhalehre ist in Europa zu einem
> „Mädchen für Alles“ geworden und es ist
> die höchste Zeit, daß der tolle Unfug, der
> mit ihr getrieben wird, aufhört. Indien
> ist ferne, dachte und denkt so Mancher, was
> wird es sein, wenn ich irgend etwas Un-
> wahres behaupte und es in den blauen Duft
> der indischen Ferne bringe? . . . . „Die
> Hände fort!“ rufe ich allen diesen Dreisten
> zu. Die blaue Wunderblume Indiens darf
> nicht angegriffen, sie darf nur bewundert
> werden.   Mainländer.

Mainländer's Darstellung des Budhaismus ist ein Meister-
werk, wie es nur vom Genie hervorgebracht werden kann. Es galt,
wie Mainländer selbst sehr treffend sagt, „aus dem Wust Budhai-
stischer Schriften die Goldkörner herauszulesen.“ Wie ist ihm dies
gelungen! Er überschüttet uns förmlich mit herrlichen und bei aller
Tiefe vollkommen durchsichtigen Gedanken. Wie matt und stümper-
haft erscheinen im Vergleiche hiemit die von Gelehrten über den
Budhaismus geschriebenen Bücher! Hier gilt eben wieder einmal:
„il n'y a que l'ésprit qui sente. l'esprit“ (Helvetius). —
Mainländer behandelt den Gegenstand in vier Theilen:

1. Der esoterische Theil der Budhalehre.
2. Der exoterische Theil der Budhalehre.
3. Die Legende vom Leben Budha's.
4. Das Charakterbild Budha's.

Im ersten Theile erscheint uns der Budhaismus in einem
völlig neuen, oder doch bisher zu wenig beachteten Lichte, wobei
sehr merkwürdig ist, daß der esoterische Budhaismus, wie ihn Main-

länder darstellt, toto genere verschieden ist von dem erst vor
wenigen Jahren durch den Engländer Sinnet bekannt gewordenen
Geheimbudhaismus*). Man hat daher besonders mit Rücksicht
hierauf und weiterhin auf Alles, was bis jetzt über den Budhais=
mus bekannt geworden ist, allen Grund, zu fragen, worin denn
eigentlich der Kern der Lehre Budha's bestehe? Je tiefer man
sich jedoch in Mainländer's Darstellung des Gegenstandes ver=
senkt, desto mehr wird man die Ueberzeugung gewinnen, daß hier
der Kern der Budhalehre vollständig blosgelegt worden ist. Wie
dem aber auch sei, jedenfalls muß die von Mainländer unter
dem Titel „der esoterische Theil der Budhalehre" vorgetragene Lehre
das denkbar höchste Interesse erregen.

Die in Rede stehende Lehre ist nichts Anderes, als die con=
sequente Ausführung des theoretischen Egoismus (absoluten
Idealismus) über den sich Schopenhauer folgendermaßen äußert:
„Ob die dem Individuo nur als Vorstellungen bekannten Objekte
dennoch, gleich seinem eigenen Leibe, Erscheinungen eines Willens
sind, dies ist der eigentliche Sinn der Frage nach der Realität
der Außenwelt: dasselbe zu leugnen ist der Sinn des theoretischen
Egoismus, der eben dadurch alle Erscheinungen, außer seinem
eigenen Individuum, für Phantome hält, wie der praktische
Egoismus genau dasselbe in praktischer Hinsicht thut, nämlich
nur die eigene Person als eine wirklich solche, alle übrigen aber als bloße
Phantome ansieht und behandelt. Der theoretische Egoismus ist
zwar durch Beweise nimmermehr zu widerlegen: dennoch ist er
zuverlässig in der Philosophie nie anders, denn als skeptisches
Sophisma, d. h. zum Schein gebraucht worden". (W. a. W. u.
V. I. 124.) Nun, bei Budha war derselbe dennoch als ernstliche
Ueberzeugung vorhanden. Und Mainländer weiß den dem philo=

---

*) Der erste berauschende Eindruck, den diese grandios angelegte Lehre
auf Denjenigen macht, der noch nicht mit aller Metaphysik gebrochen hat,
verschwindet allmählig vor den verschiedenartigsten Bedenken. Auch wurden
die Chelas, die Hüter der Lehre, sogar in der eine ähnliche übersinnliche Welt=
anschauung vertretenden Zeitschrift „Sphinx" bereits als „zweifelhafte Elemente"
bezeichnet. (Bd. I, 154.) Uebrigens hat der Grundgedanke des Sinnet'schen
Geheimbudhaismus einen esoterischen Zug, indem die Bedeutsamkeit der Moral,
dieses rein exoterischen Charakteristikums der Religionen überhaupt, sehr in den
Hintergrund tritt, wogegen „Vergeistigung" als Ziel des Weltprozesses ge=
lehrt wird.

sophisch Rohen als ganz absurd erscheinenden Standpunkt des
theoretischen Egoismus so scharfsinnig zu vertheidigen, daß man
jeden Zweifel an seiner Berechtigung und Unumstößlichkeit fallen
lassen muß. Er sei kein Standpunkt der Tollen, wie Schopen=
hauer einmal sagt, sondern nur einer, der toll machen kann.
Vielmehr wäre Schopenhauer's Lehre unanfechtbar, wenn er
bei dem realen individuellen Willen, den er in sich als den Kern
der Natur gefunden hatte, stehen geblieben wäre und ihn nicht zu
einer pantheistischen Einheit gemacht hätte. „Seine Lehre würde
im Occident als dieselbe blaue Wunderblume dastehen, wie der
Budhaismus im Tropenwald Indiens: nur noch zaubervoller und
duftiger, weil sie im reinen Boden des kritischen Idealismus
wurzelte.“

Der esoterische Theil des Budhaismus kann nur in der Weise
aufgebaut werden, daß „Jeder von uns denkt, seine Person, sein
Ich, seine Individualität, sei zunächst das einzige Reale in der
Welt und zwar muß Jeder von uns vorübergehend denken, er sei
Budha selbst.“ Budha fand als das einzige Reale in sich
Upádaná, d. h. Verlangen, Hunger, Durst nach Dasein, nach Da=
seinsformen, oder kurz: Wille zum Leben. In diese allgemeine
Form des Willens zum Leben trägt Karma, das Wesen Budha's,
den bestimmten Charakter, d. h. also: Ich, Budha, will das
Leben, das Dasein, aber ich will es in einer ganz bestimmten
Weise. Karma und Upádaná sind unzertrennliche Begriffe. Wird
das Eine gesetzt, ist das Andere mitgesetzt. Weiter fand Budha
in sich einen Spiegel für Karma und Upádaná: den Geist, das
Selbstbewußtsein. Dieser Spiegel aber gehört nicht zum Wesen des
Willens, er ist nicht einmal sekundär, sondern er ist durch und
durch phänomenal, d. h. ein wesenloser Schein. Hierdurch ist
ferner auch die Phänomenalität des Leibes und der ganzen Außen=
welt gegeben. Das einzige Reale war demnach das bewußtlose
individuelle Karma. Dieser räthselhaften unbewußten Macht
legte Budha die Allmacht bei, die übrigens schon rein logisch
daraus geflossen war, daß er seine Person als allein real annahm.
Ferner kommen Karma auf Grund von Budha's absolutem Idealis=
mus die Prädicate: ausdehnungslos und zeitlos zu.

Die vier negativen Prädikate: bewußtlos, allmächtig (Ver=
neinung von beschränkt), zeitlos, ausdehnungslos drücken nun aber

aus, daß Karma ein mathematischer Punkt, oder kurz transscendent, mit dem menschlichen Geiste nicht zu erfassen ist. Positiv ist im ganzen esoterischen Budahismus nur die Erklärung, daß Karma individuell ist und daß es existirt. Ueber die Art und Weise, wie es individuell ist und wie es existirt, gab Budha keine Auskunft, weil er nicht konnte. Dieses ist durchaus kein Makel seiner Lehre, wie Mainländer sehr scharf betont. Mainländer zeigt im Anschlusse hieran, wie jedes System einen letzten, unerklärten Grund der Welt bestehen lassen müsse, daß sich jedoch zwei Systeme, wie der Tag von der Nacht, durch die Art und Weise unterscheiden können, wie sie sich an den transscendenten Grund anlehnen.

Der Budahismus kennt nur ein einziges Wunder: das Karma, das, wenn angenommen, Nichts in der Natur räthselhaft erscheinen läßt. Denn dasselbe erzeugt sich vermöge seiner Allmacht Leib, Geist, Gefühl und Vorstellung. Wie ist nun aber zu erklären, daß Budha in seinen Handlungen beschränkt sein konnte, wenn er der allmächtige Gott war? In dieser Frage liegt der Kern des esoterischen Budhaismus. „Durch eine Welt, die zwar durch und durch Schein ist, aber dem Individuum als eine reale Macht entgegentritt und es beschränkt; ferner durch eine bewußte Willkür, die nicht allmächtig ist — wird ein realer Conflikt in der Brust Budha's erzeugt. Diesen bedeutsamen Conflikt will das allmächtige Karma und weil es ihn will, hat es sich, vermöge seiner Allmacht, einen nur halbselbständigen Körper gebaut mit Allem, was damit zusammenhängt: beschränkte Willkür, Empfindung, Lust, Unlust, Schmerz, Wollust, Erkennen, Raum, Zeit, Causalität, Vorstellung, eine Scheinwelt von mächtiger, realer Kraft. Aber warum wollte es diesen realen Conflikt? Hierauf gibt es nur eine Antwort: Es wollte durch diese Verleiblichung in einer Welt des Scheins die Abtödtung, den Uebergang aus dem Sein in das Nichtsein. Der Conflikt ist das individuelle Schicksal, welches Karma mit unergründlicher Weisheit und mit Allmacht gestaltet. Es verknüpft mit dem Dasein vorzugsweise Leid und zeigt vermittelst Erkenntniß, wie sich Budha vom Dasein befreien kann . . . . . Um mich nicht zu wiederholen, verweise ich wegen der Beantwortung der Fräge: warum das allmächtige Karma, wenn es Nichtsein wolle, sich nicht sofort vom Dasein befreien könne, auf meine Metaphysik. Ich will nur die Antwort hinsetzen: die Allmacht ist sich selbst gegenüber keine Allmacht, sie bedarf des Prozesses des allmäligen Conflikts, um aus dem Sein in das Nichtsein übertreten zu können."

In Betreff des budhaistischen Dogma's der Wiedergeburt ist Mainländer im Zweifel, ob dasselbe wirklich zum esoterischen Theil des Budhaismus gehört, ob es nicht vielmehr exoterisch ist. Hält man fest, daß sich das allmächtige Karma immer nur in einem einzigen Individuum incarnirt, dann kann man mit Recht fragen, warum nicht schon eine einzige Incarnation genügt, um Karma zu erlösen. „Denn es ist nie zu entscheiden, ob mein Leib die zehntausendste oder die erste und letzte Incarnation Gottes ist. Nur das Eine steht logisch fest, daß Gott oder, um in der Sprache Budha's zu bleiben, Karma, als allmächtiges reines Karma nie das Nichtsein erreichen kann. Die Incarnation ist für das Nichtsein eine conditio sine qua non."

Mainländer's Schlußbemerkungen zur esoterischen Budha-lehre betreffen Vergleiche zwischen dieser einerseits und dem Christenthum, Kant's und Schopenhauer's Lehre andererseits, sowie die Begründung des Satzes, daß der Budhaismus allein diejenige Lehre ist, welche sämmtliche Absurditäten des Lebens, seinen grauenhaften entsetzlichen Charakter und alles Quälende und Räthselhafte in der Wissenschaft aufhebt.

Mainländer nimmt Abschied von der „tiefsinnigen, zaubervollen, wunderbar schönen Lehre des genialen indischen Königssohnes" mit den Worten: „Es wird kein Unglück sein, ja, man darf es das höchste Glück nennen, wenn der Eine oder Andere den Sirenentönen Budha's unterliegt: er wird das stolze Gefühl haben, Gott zu sein und wird, wendet er sich zugleich von der Welt ab, Erlösung finden. Die Erlösung ist die Hauptsache, der Weg, der zu ihr führt, ist Nebensache."

Aus den drei anderen Theilen des Essay's über den Budhaismus können hier nur einige wenige Hauptpunkte berührt werden.

Sehr wichtig ist Mainländer's Einleitung zum exoterischen Theil der Budhalehre: „Warum giebt es überhaupt einen exoterischen Theil des Budhaismus? oder besser: warum lehrte

Budha überhaupt, wenn er sich für das einzig Reale in der Welt hielt und es mithin für ihn gar keinen anderen realen Menschen geben konnte? Die Antwort hierauf ist: Budha mußte lehren, Budha mußte seine Mitmenschen für wirkliche Wesen nehmen und versuchen, sie auf den Pfad der Erlösung zu führen, weil nur der lehrende Budha diejenigen Einwirkungen auf sein Karma hervorbringen konnte, welche dieses zu seiner Erlösung nö= thig hatte. Das Lehramt Budha's war ebenso nothwendig für Karma wie die ganze phänomenale Welt, in der Budha lebte: es war lediglich Mittel, das sich Karma wie alles Andere gestaltete." Hiedurch ist gegeben, daß der exoterische Budhaismus ein sehr wi= derspruchsvolles System sein muß. Dies beruht hauptsächlich da= rauf, daß nach demselben das Schicksal jedes Menschen von seinem bestimmten individuellen Karma souverän gestaltet wird, während doch nur ein einziges allmächtiges Wesen in der Welt gedacht wer= den kann, und schon nur zwei solche allmächtige Wesen ein Wider= spruch sind.

Die budhaistische Ethik gehört ausschließlich dem exoterischen Theil der Lehre an. Denn im esoterischen Theil hat das Eine Karma nur einen einzigen Zweck im Auge: das Nichtsein und gestaltet sich das Mittel zum Zwecke durch die Incarnation und ihr Schicksal auf nothwendige unabänderliche Weise.

Mainländer nennt es einen „genialen Gewaltstreich, voll praktischen Scharfsinnes", daß Budha an Stelle des Gesetzes der natürlichen Vererbung den transcendenten Occasionalismus setzte. Der Ekel vor gewissen Arten der Thierexistenz, die Sehnsucht nach einer besseren Lebensform und die Furcht, in eine schlechtere herab= gestoßen zu werden, waren für das moralische Handeln Motive voll treibender Kraft. Dazu kamen die von Budha gelehrten Strafen und Belohnungen außerhalb dieser Welt.

Ueber das vielbestrittene Nirvana, das Mainländer schon in seinem Hauptwerke bespricht, äußert er sich hier noch, wie folgt: „Nirwana ist schon deshalb das absolute Nichts, weil sonst die brahma lókas keinen Sinn hätten. Denn als Steigerung einer völlig unbewußten Existenz, welche doch in den brahma-lókas ge= lehrt wird, giebt es nur die völlige Vernichtung des Wesens. Die Erklärung, daß Nirvana ein Ort und doch kein Ort, das Leben in ihm ein Leben und doch kein Leben sei, daß es sich also um einen

Ort, der nur ein relatives Nichts, als bloßer Gegensatz zur Welt, und um ein **Leben** handle, wovon wir uns keine Vorstellung machen könnten, ist auf die Rechnung der spitzfindigen Schüler des großen Meisters zu setzen, wie so manches **Andere**, das keine Beachtung verdient, das aber von jeher von unberufenen **Kritikern** des Budhaismus zur Hauptsache gemacht worden ist."

Mit ersichtlicher Genugthuung hebt Mainländer hervor, daß das unnütze Geschwätz von Budha als Sünde bezeichnet wurde. „Vortrefflich! Wie anders sähe es in der Welt aus, wenn jeder Europäer, ehe er die Zunge in Bewegung setzt oder ehe er die Feder ergreift, sich vorhielte, daß unnützes Geschwätz eine Sünde ist, die ihm unter Umständen nach dem Tode die Leiblichkeit einer Klapperschlange eintragen kann!" Wer hätte aber auch größeres Recht, gegen das unnütze Geschwätz zu eifern, als Mainländer, in dessen wenig umfangreichen Schriften kein Wort mit Gold aufgewogen werden kann!

Vermittelst des Verbotes des unnützen Geschwätzes war es Budha leicht, seine Zuhörer von schwierigen philosophischen Problemen abzulenken, wie er denn auch ein für alle Male erklärte, daß nur ein Budha den Kern der Wahrheit verstehe. Hätte er ihn mitgetheilt, so wäre er verlacht, wenn nicht gar gesteinigt worden.

Ganz besonders muß man Budha's Milde und seinen praktischen Sinn in Betreff alles Aeußerlichen bewundern. So z. B. sagte Budha: „Wollte ich ein einziges strenges (äußerliches) Gesetz aufstellen, so würde ich Manchem den Weg zur Seligkeit versperren, während es doch die alleinige Aufgabe der Lehrer der Menschheit ist, diesen Weg Allen zu eröffnen." Hiezu bemerkt Mainländer: „Ich wünsche von Herzen, daß es Allen, welche dies lesen, so zu Muthe sein möge wie mir. O, dieser Budha! Wie wußte er sich Tempel in der Brust der Menschen zu erbauen!

Die Legende von Budha's Leben, „ein wunderbar klares und balsamisch duftendes Element", erzählt Mainländer auf 60 Seiten ausführlich und schließt mit den Worten: „Blicken wir der reizenden Legende, — diesem poesievollen Evangelium des Inderlandes! — auf den Grund, so sehen wir einen hochherzigen edlen Königssohn, der auf den Thron seiner Väter, auf Macht,

Ehre, Reichthum willig verzichtete und — ein Bettler wurde. Alter, Siechthum, Krankheit, der Tod der Menschen und endlich der Herzensfrieden der Entsagenden wurden ihm zu Problemen, mit denen sich sein Geist so lange beschäftigte, bis er sie gelöst hatte. Er konnte dann nicht anders: er mußte der Welt entsagen."

In dem Charakterbild, das Mainländer auf die ihm eigenthümliche, ganz gefangennehmende Art von Budha entwirft, läßt er uns zunächst die aus der Genialität Budha's fließenden hohen Geisteseigenschaften erkennen. Deren Wesen zaubert er mit einem Schlage vor das Auge, wenn er sagt: „Es zeigt sich uns in dieser großen Erscheinung eine Gehirnblüthe, welche geradezu einzig in der Menschheit dasteht; denn sie ist die Vereinigung der scharfen Absonderungs= und Verbindungskraft Kant's mit der künstlerischen Einbildungskraft Raphael's oder Goethe's."

Auf die Herzenseigenschaften des Indischen Heilandes übergehend, zeigt uns Mainländer, daß Budha ein echter Erlöser war, der, lediglich von grenzenlosem Mitleid getrieben, mit aller Kraft für die Menschheit kämpfte. Mainländer nimmt hiebei Veranlassung, das typische Bild des weisen Helden, dessen Hauptzüge er schon in seiner Aesthetik entworfen, zu vervollkommnen.

Als einzelne Charakterzüge preist Mainländer Budha's Leidenschaftslosigkeit, sein felsenfestes und unerschütterliches Vertrauen, seine gewaltige Widerstandsfähigkeit und Ausdauer, seinen maßlosen Stolz und seine unübertreffliche Güte und Milde. Alle diese Eigenschaften erläutert Mainländer an herzerquickenden Beispielen und vollendet das herrliche Charakterbild auf ganz einzige Art, wie folgt: „Und nun noch ein köstliches Wort: der stärkste Vorwurf, den Budha einem Menschen machte, war mogha purisa, auf deutsch: eitler Mann. Ja, Prinz, du warst groß, du warst genial, du warst edel, wie nur noch Einer, von dem die Geschichte berichtet .... Wer Einen von deiner herrlichen Lehre, von der Freude an deiner sympathischen Persönlichkeit reißen will, den sollte man mit glühenden Zangen — — aber nein! nein! nein! den sollte man — mogha purisa nennen!"

IX.

Das Christenthum.

Der Kern des Christenthums ist ein un-
zerstörbarer und enthält die Blüthe aller
menschlichen Weisheit.

Mainländer.

In Mainländer's Hauptwerk steht zu lesen: „Es kann gar
keine andere Aufgabe für die Philosophie gestellt werden, als die,
den Kern des Christenthums auf der Vernunft zu errichten, oder,
wie es Fichte ausdrückt: Was ist denn die höchste und letzte Aufgabe der Philosophie als die, die christliche Lehre recht zu er-
gründen, oder auch sie zu berichtigen? Das hat Schopenhauer zuerst mit Erfolg versucht." Und Mainländer hat die be-
gonnene Arbeit zum definitiven Abschlusse geführt. Je nachdem
man die Ethik oder die Metaphysik (den esoterischen Theil) des Christenthums im Auge hat, kann man behaupten, daß Mainländer
wenig, oder aber die Hauptsache zu thun übrig blieb. Denn Schopenhauer war es von seinem Idealismus verwehrt, in die christliche Metaphysik tiefer einzudringen. Außer den längeren Betrachtungen, die Mainländer über das Christenthum in seiner „Ethik"
und „Politik", von den dort gegebenen Standpunkten aus, anstellt,
widmet er demselben im II. Bande seines Werkes einen Essay, der
in drei Theile zerfällt:

1) der esoterische Theil der Christuslehre;
2) der exoterische Theil der Christuslehre;
3) das Charakterbild Christi."

Das esoterische Christenthum besteht nach Mainländer in
der Lehre von der Dreieinigkeit, „dem tiefsten und großar-
tigsten Dogma, der kostbarsten Perle des Geistes." Die ganze
übrige Christuslehre ist exoterisch: Lehre für das Volk.

Mainländer beginnt: „Nur die crasseste Unwissenheit, nur der beschränkteste Geist hat dem Athanasius einen Vorwurf daraus machen können, daß und wie er das Dogma der christlichen Dreieinigkeit formulirte. Beides geschah mit unabwendbarer Nothwendigkeit: das erstere, weil Christus wirklich Gott, den Sohn und den Heiligen Geist lehrte, das letztere, weil er sie exoterisch als selbständige und zugleich existirende (coexistirende) Wesen hinstellte. Es handelte sich also um die Formulirung eines Dogmas, d. h. einer Wahrheit, die dem Volke mundgerecht gemacht werden mußte .... So oft ich diese Formel, ehe ich sie ergründete, gelesen habe, namentlich in lateinischer Sprache, habe ich eine mächtige Erschütterung meiner Seele empfunden; zum kleinsten Theil brachte der einfache grandiose Stil diese Wirkung hervor: der Hauptgrund war meine Ahnung, daß in diesem Glaubensbekenntniß die richtige Auflösung des widerspruchsvollen Welträthsels verhüllt liege."

Zu seiner Erleuchtung des dunklen Dogma's stützt sich Mainländer hauptsächlich auf drei Stellen des Neuen Testamentes und drei Artikel des Athanasianischen Glaubensbekenntnisses. Die drei Stellen des Neuen Testamentes sind: Math. 12, 31. 32; Marc. 3. 28. 29; Luc. 12, 10. „Der Schwerpunkt dieser außerordentlich wichtigen, tiefen Stellen liegt im Unterschied, den sie in die Dreieinigkeit bringen, d. h. darin, daß sie den Heiligen Geist über Gott und Christus setzen; denn wie sollte eine Lästerung wider eine der drei Personen strafwürdiger sein, als eine wider die anderen zwei, wenn alle drei Personen gleich heilig sind?"

Die drei Athanasianischen Glaubensartikel, die natürlich auf Aussprüchen Christi beruhen, sind:

1) Der Vater ist von Niemand weder gemacht, noch geschaffen, noch geboren.

2) Der Sohn ist allein vom Vater: nicht gemacht, noch geschaffen; sondern geboren.

3) Der Heilige Geist ist vom Vater und Sohn: nicht gemacht, nicht geschaffen, nicht geboren: sondern ausgehend.

Aus dem ersten Artikel folgert Mainländer, daß das Wesen Gottes transscendent, unergründlich, unfaßbar für den mensch-

lichen Geist ist. *) Aus dem zweiten zieht er die zwei sehr wich=
tigen, immanenten Corollarien:

1) der Sohn ist der Vater;
2) der Sohn kam n a ch dem Vater.

Hält man nun fest, daß Erzeuger und Erzeugtes in einem
genetischen, nicht in einem blos causalen Zusammenhange stehen,
daß das Erzeugte stets in der Zeit n a ch dem Erzeuger kommt
und daß C h r i st u s sich mit der M e n s ch h e i t identificirte (Men=
schensohn), so gewinnt man zunächst den Satz: „Daß die Menschheit
aus Gott geboren ist, ihm f o l g t e und zwar wesensgleich mit ihm
ist, d. h. sie enthält nur, was in Gott war.“ Ferner folgt aus
dem tieferen Verhältniß des Vaters zum Sohne, „daß der Vater
g a n z in den Sohn überging, daß er u n t e r g i n g als dieser ent=
stand, daß der Vater st a r b, als der Sohn zu l e b e n anfing: der
Sohn ist nicht gemacht, nicht geschaffen, sondern g e b o r e n.“ So=
dann kann auf Grund des Ausspruches: Joh. 1, 3 behauptet wer=
den, daß unter C h r i st u s, dem Sohne, das ganze Weltall, a l l e
D i n g e zu verstehen sind.

„Wir haben es nicht mehr mit zwei getrennten, c o e x i st i =
r e n d e n göttlichen Personen zu thun, die doch Eine Person sein
sollen, was keine Vernunft denken kann, sondern mit zwei getrenn=
ten n a ch e i n a n d e r lebenden Personen, die sehr wohl als E i n e
Person aufzufassen sind: jede Vernunft kann dies denken. An die
Stelle von: „Gott ist“, ist lediglich zu setzen: „Gott w a r und
C h r i st u s, der Sohn, die Welt ist.“ Jetzt ist Alles klar, hell,
vernünftig.“ In der That erscheinen von diesem Standpunkte aus
viele dunklen, unlogischen Stellen im Neuen Testament vollkommen
klar und verständlich. Z. B.:

Ich und der Vater sind Eins. (Joh. 10, 30.)

Jesus sprach zu ihnen: Wahrlich, wahrlich, ich sage euch:
Ehe denn A b r a h a m ward, bin ich. (ib. 8, 58.)

P h i l i p p e, wer mich siehet, der siehet den Vater: Wie
sprichst du denn: Zeige uns den Vater? (ib. 14, 9)

---

*) Diesem Gedanken verleiht A n g e l u s S i l e s i u s einen sehr treffen=
den Ausdruck mit den Worten:

Was Gott ist, weiß man nicht: Er ist nicht Licht, nicht Geist,
Nicht Wonnigkeit, nicht Eins, nicht, was man Gottheit heißt;
Nicht Weisheit, nicht Verstand, nicht Liebe, Wille, Güte,
Kein Ding, kein Unding, auch kein Wesen, kein Gemüthe.

Ferner vergleiche man: Matth. 11, 27; Joh. 8, 19; 17, 10. 21. 25.

Im weiteren Verlaufe seiner Betrachtungen über das Ver=
hältniß zwischen Gott und der Welt sagt Mainländer mit sei=
ner ganz einzig bastehenden Klarheit und Einfachheit des Aus=
drucks: „Das sich widersprechende Welträthsel ist demnach von
Christus gelöst worden: die Sphnix verblutete mit ihm am Kreuze.
Es lautete:

Die Welt ist, wie die Natur zeigt, nur aus Indivi=
duen zusammengesetzt; nirgends ist die Spur einer ein=
fachen Einheit in der Welt zu erkennen. Der Weltlauf ist
die Resultirende·der Wirksamkeiten aller Individuen.

Und dennoch ist dieser Weltlauf, ist der Zusammenhang
der Welt ein solcher, daß jeder Aufmerksame ihn auf eine
einfache Einheit zurückführen muß.

„Die einfache Einheit in der Welt widerspricht den Indivi=
duen, und die autonomen Individuen widersprechen dem Band, das
sie umschlingt und sie zu Handlungen zwingt. Die einfache Ein=
heit einerseits, das todte Individuum andererseits ist der Pantheis=
mus; das allmächtige Individuum einerseits, der geleugnete Zu=
sammenhang der Dinge andererseits ist der exoterische Budhaismus.
Beide sind halbe Wahrheiten und nur deshalb möglich gewesen, weil die
Coexistenz, die Gleichzeitigkeit von nicht=todten Individuen und ein=
facher Einheit undenkbar ist. Christus zerbrach mit kühner Hand
diese Coexistenz und die Wahrheit lag nackt zu Tage wie der Nuß=
kern in der zerbrochenen Schale. Gott existirte vor der Welt
allein. Christus, die Welt, existirt jetzt allein. Das ist die
Lösung des Welträthsels.“

Zur Beantwortung der Frage, warum der Vater starb und
der Sohn geboren wurde, ist der von Christus gelehrte Unter=
gang der Welt unentbehrlich. Die Welt, also der Sohn, und in
ihm Gott werden vergehen. Mainländer erinnert darauf an den
Brahamismus und das bei Besprechung des esoterischen Budhais=
mus Gesagte und fährt fort: „Gott, das Brahm, das Karma,
Jedes wollte etwas, was es lediglich durch Verleiblichung (Incar=
nation) erlangen konnte; Jedes mußte sich gegenständlich, es mußte
ein Conflict, ein Prozeß, ein Werden erzeugt werden. Durch sich

selbst konnte Keines das Ziel erreichen: da war die Allmacht sich selbst im Wege."

Den oben angeführten dritten Artikel des Athanasius ins Auge fassend, ruft Mainländer aus: „Welche tiefe Weisheit! Der Sohn, die Welt, ist eine werdende, sich nach einem Ziel bewegende Gesammtheit von Individuen, welche Gesammtheit der Ursprung aus einer einfachen Einheit, Gott, fest zusammenhält: die Welt ist eine feste Conjunctur mit einer einzigen Grundbewegung, die eben aus dem Zusammenwirken aller Individuen entsteht. Diese Grundbewegung, der Weg Gottes zu seinem Ziele, ist das Schicksal des Weltalls oder, wie Christus sagt: der Heilige Geist. Der Heilige Geist ist also kein Wesen, keine Persönlichkeit, kein reales Individuum, sondern etwas Abstraktes, ein einheitlicher Ausfluß aus der Wirksamkeit vieler, die Resultirende aus vielen verschiedenartigen Bestrebungen, die Diagonale des Parallelogramms der Kräfte. Er ist nicht gemacht, nicht geboren, sondern ausgehend." Im Anschlusse hieran zeigt Mainländer, inwiefern man sowohl sagen kann, daß der Heilige Geist vom Vater allein ausgeht, als auch daß er vom Vater und vom Sohne ausgeht, so daß die römisch=katholische Kirche Recht hat und die griechisch=katholische nicht im Irrthum ist.

Der esoterische Theil des Christenthums enthält, wie der esoterische Budhaismus, keine Ethik, weil der mit Freiheit vor der Welt beschlossene Lauf der Welt und die mit Nothwendigkeit in der Welt sich vollziehende Eine Bewegung kein moralisches Gepräge tragen kann. Trotzdem kann man sagen, daß die von Christus gelehrten Tugenden: Vaterlandsliebe (Gehorsam gegen Cäsar, den Staat), Gerechtigkeit, Menschenliebe und Virginität zum esoterischen Theil der Lehre gehören. „Man kann sie vier Engel nennen, die der Welt voranschweben und ihr die Richtung zeigen, und wenn man berücksichtigt, daß sie von Anbeginn der Menschheit in den Herzen einzelner Genialen das heilige Feuer des Erlösungsgedankens zur glutvollen Hingabe an das Allgemeine entzündet haben, so darf man sie den vier leuchtenden Rossen am Wagen der Morgenröthe vergleichen. Sie sind an das Weltall gespannt und geben ihm die Richtung an. Sie beschleunigen zugleich die Bewegung, welche sich aus der verschiedenartigen Wirksamkeit der Individuen ergiebt.

„So sehen wir uns denn auf das Ergebniß der drei wichtigen, am Anfang dieses Essays befindlichen Stellen aus dem Neuen Testament zurückgeführt. Die vier Tugenden sind in ihrer Gesammtheit der Heilige Geist und zwar der vom Vater allein ausgegangene Geist: das göttliche Gesetz. Er ist größer als Gott, er steht über Gott, weil er Gott etwas verschafft, was dieser durch sich selbst nicht haben konnte; und er ist größer als der Sohn, weil dieser aus guten und schlechten Individuen zusammengesetzt ist, die zwar in ihrem Gesammtwirken den Weg der Welt zurücklegen, aber meistens dazu gezerrt und gezwungen werden. Der heilige Geist ist der Weg Gottes zum Nichtsein.... Weil also der Geist heiliger ist als der Vater und der Sohn, deshalb ist er größer als Diese und weil nur derjenige Mensch glücklich sein, d. h. den echten wahren Herzensfrieden haben kann, der im Geiste wiedergeboren ist, d. h. die Tugenden der Vaterlandsliebe, Gerechtigkeit, Menschenliebe und Keuschheit ausübt, deshalb kann Derjenige, „welcher den Geist lästert", d. h. sich gegen ihn stellt, keinen Frieden haben, d. h. „der hat keine Vergebung ewiglich."

Durch die kleine grammatikalische Substitution von „war" für „ist", in Betreff Gottes, ist aus dem dunkelsten Dogma die hellste klarste Weisheit, aus der „matten undurchsichtigen Perle ein durchsichtiger blitzender Diamant" geworden. Das Dogma lautete:

Gott ist; Christus ist; der Heilige Geist ist; es lautet jetzt:

Gott war; Christus ist; der Heilige Geist ist; und zwar ist nur Christus real; der Heilige Geist ist etwas Ideales, Abstraktes, ein echter Geist. In diesem Sinne aufgefaßt kann das Christenthum auch als verhüllter Atheismus bezeichnet werden, welchen Gedanken Mainländer eingehend erläutert.

Christus konnte das Welträthsel nur auf Grund himmelhoher vorgethaner Arbeit lösen; denn „es ist über alle Zweifel erhaben, daß er entweder einer Sekte angehörte, die Indischer Geist durchwehte, oder auf anderem Wege mit den großen orientalischen Religionen sehr vertraut wurde. . . . . . Sollte man indessen meine Exegese des Dogmas für gewaltsam und nicht im Geiste Christi, des Herrlichen, selbst vollzogen erklären wollen, so bedenke man vorher, daß man damit Lorbeerkränze auf mein Haupt legen wollte, die ich in klarer Erkenntniß der Last, die ich zu tragen im Stande bin, nicht annehmen dürfte. . . . . . Ihm, dem Großen, dem Gewaltigen, dem Seelenerwärmer und Seelendurchglüher und seinen Vorgängern, den großen Brahmanen, dem milden indischen Königssohne und auch dem edlen Zarathustra sei Preis und Ehre, bis das letzte menschliche Auge bricht." Wer möchte hier nicht ausrufen: doppelt Preis und Ehre Dir, der Du uns das wahre Verständniß der Lehren jener Großen erst erschlossen und wiedergewonnen hast, sie mit dem hellsten Lichte beleuchtend, so daß sie sich fortan in strahlendem Glanze aus der uns umgebenden, entsetzlich dunklen Geistesverwirrung erheben!

Es ist hier, wo wir mit Christus die Realität der Außenwelt keinen Augenblick in Zweifel setzten, der geeignete Ort, um auf die im vorigen Abschnitt hervorgehobene Behauptung zurückzukommen, daß der Standpunkt des absoluten Idealismus Budha's ein unumstößlicher ist. Unter den wiederholten Bemerkungen, die Mainländer gelegentlich zur Aufklärung über diesen ohne allen Vergleich wichtigen Gegenstand macht, greife ich die folgenden heraus: „Ich halte das Christenthum, das auf der Realität der Außenwelt beruht, für die absolute Wahrheit im Gewand des Dogmas. Trotzdem bin ich der Ansicht, daß der esoterische Theil des Budhaismus, der die Realität der Außenwelt leugnet, gleichfalls die absolute Wahrheit ist. Solches scheint sich zu widersprechen, denn es kann nur eine absolute Wahrheit geben. Der Widerspruch ist jedoch nur ein scheinbarer; denn die absolute Wahrheit ist lediglich diese: daß es sich um den Uebergang Gottes aus dem Sein in das Nichtsein handelt. Das Christenthum sowohl wie der Budhaismus lehren dies und stehen somit beide im Centrum der Wahrheit. Nebensächlich ist: ob Gott in einer Brust wohnt oder ob die Welt der zersplitterte Gott ist, — das Einzige, was den Budhaismus vom Christenthum trennt." Und: „Ich gestehe offen, daß ich lange Zeit einen schweren Kampf zwischen Budha und Kant einerseits und Christus und Locke andererseits kämpfte. Fast gleich stark ward ich von der einen Seite versucht, die blaue Wunderblume im Occident aufzurichten und von der andern gezogen, die Realität der Außenwelt nicht zu verleugnen. Ich entschied mich endlich für Christus und Locke, aber ich gestehe ferner offen, daß sich mein auf meine Person und ihr Schicksal bezogenes Denken ebenso oft auf den Grundpfeilern meiner Lehre als im Zauber des Budhaismus bewegt. Und als Mensch (nicht als Philosoph) ziehe ich meine Lehre nicht dem Budhaismus vor."

Der exoterische Theil der Christuslehre ist nach Main=länder die verklärte Religion David's und Salomo's, d. h. „die Vernichtung des starren jüdischen Monotheismus, des glühenden Molochs mit seiner todtgequälten Creatur im Arme." Die Religion David's charakterisirt Mainländer in seinem Essay „Realismus", wie folgt: „David faßte sein Verhältniß zu Jehova nicht als das der durchaus ohnmächtigen Creatur zu ihrem Schöpfer, sondern als das patriarchalische des beschränkten Knechts zum Herrn, zum mächtigen Fürsten auf."

Hierauf baute Christus weiter, als eminent praktischer Mann das feste Vorhandene als Stützpunkt seiner reformatorischen Ge=danken benützend. Denn in jedem Religionsstifter muß der Philosoph zurücktreten, und je mehr er zurücktritt, je energischer die weise Selbstbeschränkung ist, desto größere praktische Erfolge wird der erstere haben. . . . . . Christus kannte seine Leute, das dünkelhafte auserwählte Volk Jehovahs und machte Concessionen, weil er wie jede freie glutvolle Seele vor Allem den Durchbruch der Wahrheit ersehnte: „Ich bin gekommen, daß ich ein Feuer anzünde auf Erden; was wollte ich lieber, denn es bren=nete schon"? (Luc. 12, 49.)

Da somit im exoterischen Christenthum die drei Personen

Gott — Christus — Heiliger Geist

anders als im esoterischen Christenthum und da sie ferner von ver=schiedenen Seiten aufgefaßt werden, so entstehen eine Menge Unklar=heiten und Widersprüche. Mainländer unterwirft dieselben einer gründlichen Untersuchung, deren Resultat er den kurzen Inhalt des vorigen Theiles vorausschickt. Er sagt: „Wir haben im esoterischen Theil des Christenthums:

1) den gestorbenen Gott;
2) den Sohn (die Welt);
3) den Heiligen Geist (Die Bewegung der Welt);
    a) das göttliche Bewegungsgesetz, den Geist der Wahrheit (vom Vater ausgegangen);

b) die allgemeine Bewegung zum Nichtsein (vom Vater und Sohne ausgegangen).

„Ferner haben wir im exoterischen Theil:

4) Gott als lebenden Gott-Vater (halbe Macht — Ormuzd);

5) Gott als allmächtigen Juden-Gott (Jehovah);

6) Gott als hypostasirten Herzensfrieden (das Ursein, resp. das Nichts);

7) Christus als reines Individuum (Gott-Mensch);

8) Heiliger Geist als Summe aller guten Motive vom Anbeginn der Menschheit;

9) Heiliger Geist als Paraklet.

„Wir haben also zusammengenommen zehn heilige Gottes-Formen, vier Grundformen und sechs exoterische Variationen, welche alle aus dem Neuen Testament zu belegen sind. Man wird sich also nicht wundern über die ungeheure Menge Papiers, die mit Exegesen und Commentaren zur Christuslehre beschrieben worden ist; man wird sich ferner nicht wundern über die ungeheure christlich-theologische Litteratur, welche sich bis auf unsere Tage erhalten hat; man wird sich endlich nicht wundern über die hitzigen Wortkämpfe, die über dem Neuen Testament geführt und über die Ströme Bluts, die wegen desselben vergossen worden sind.“

Als Lehrer der Menschheit begründete Christus vor allen Dingen eine Ethik. „Aehnlich wie Budha die bloße Existenz Karma's, seiner Kraft, welche ja an und für sich weder gut noch böse genannt werden kann, zur Quelle alles Bösen machen mußte, als er zu lehren anfing, so stempelte Christus das Wesen aller Menschen als adamisch sündhaft. Diesem sündhaften Wesen, welches seine dogmatische Begründung in der Erbsünde fand, setzte er die Wiedergeburt aus dem Geist entgegen, die volle Hingabe an den Heiligen Geist durch absolute Ausübung der Tugenden Vaterlandsliebe, Gerechtigkeit, Menschenliebe, Keuschheit. Der Mensch kann nur erlöst werden, wenn er seinen natürlichen Egoismus, Adam, ganz verliert und nur noch ein Gefäß für den Heiligen Geist wird: sämmtliche Thaten des seligen Menschen müssen übereinstimmen mit der Richtung der Weltbewegung, mit dem Heiligen Geiste.“

Die christliche Ethik handelt Mainländer schon in seinem Hauptwerke erschöpfend ab, wo er auf Grund zahlreicher Bibelstellen beweist, daß Christus die volle und ganze Ablösung des Individuums von der Welt, mit anderen Worten: **langsamen Selbstmord** verlangt habe. „Wer ein **echter** Christ sein will, darf und kann mit dem Leben keinen Compromiß abschließen. Entweder — Oder: tertium non datur."

Aus der interessanten Nachlese, die **Mainländer** auf dem Gebiete des exoterischen Christenthums anstellt, mag folgender Passus mitgetheilt werden: „Wie **Budha** hatte auch **Christus** den höchsten moralischen Muth und war politisch-socialer Reformator. Er sprach sogar kühn das Gesetz aller politischen Revolutionen aus und heiligte dieselben: Aber vergeblich dienen sie mir, dieweil sie lehren solche Lehren, die nichts denn **Menschengebote** sind. (Matth. 15, 9.) Es gibt nämlich nur **Ein** unwandelbares, heiliges, unantastbares Gesetz und das ist das **göttliche Gesetz** (die vier christlichen Tugenden), welches die beiden Grundgesetze des Staates gegen Mord und Diebstahl (Gerechtigkeit) in sich faßt. Alles andere Gesetz ist **Menschengebot**, das, wenn es dem göttlichen Gesetz widerspricht, eben vom Grund des göttlichen Gesetzes aus angegriffen und gestürzt werden **darf**; ja, wer dies thut, handelt eo ipso **eminent moralisch**. Alle gewesenen politischen und socialen Revolutionen nun lassen sich aus dem Theil des göttlichen Gebots ableiten, der heißt: „Liebe deinen Nächsten wie dich selbst"; und alle kommenden werden sich daraus ableiten lassen, bis zum Tage, wo die Menschheit Eine Heerde sein und Einen Hirten haben wird."

Mainländer macht auch auf den schon von **Fichte** hervorgehobenen Unterschied zwischen dem Johanneischen und Paulinischen Christenthum aufmerksam: „Das **Evangelium des Johannes** ist das tiefste und schönste der vier und zugleich der reinste Spiegel der exoterischen Lehre. . . . . Dagegen ist das **Paulinische Christenthum** geradezu **Fälschung** der Lehre des milden Heilands. Im Brief an die Römer verwischte **Paulus** mit verwegener Hand die Grundlinien der hohen Lehre und warf die Menschen auf Jehova zurück, als ob **Christus** gar nicht dagewesen wäre. **Paulus** hat die größten Verdienste um die Ausbreitung des Christenthums, aber seinen Meister hat er nicht begriffen". —

Das Charakterbild **Christi**, wie es **Mainländer** aus Stellen des Neuen Testamentes gestaltet, übertrifft noch, was viel sagen will, an Hoheit, Schönheit und Farbenpracht das von ihm entworfene Charakterbild Budha's. Insbesondere fesseln uns die allgemeinen Betrachtungen, die er neuerdings über den weisen Helden und den echten Propheten anstellt, weil sie doch wieder eine ganz specifisch christliche Färbung haben. Wir stehen vor seinen herrlichen Schilderungen voll Bewunderung sprachlos, aber mit überfließendem Herzen.

In Betreff der einzelnen Züge des Charakterbildes Christi kann hier nur auf Folgendes aufmerksam gemacht werden. Als eine hervorragende Eigenschaft, die unsere kleinlichen gelehrten „Viel= wisser" (Herakleitos) an Christus nicht zu entdecken vermögen, bezeichnet Mainländer seine Genialität*): „Christus hatte eine großartige Phantasie, einen scharfen Verstand, eine klare be= deutende Urtheilskraft. Sein Geist war ein reiner Spiegel der Außenwelt und hatte ein helles Selbstbewußtsein. Wie er die Menschen durchschaute, wie er richtig ihre Schwächen und ihr ver= meintliches Glück abschätzte, so blieb ihm auch keine Falte seines eigenen Herzens verborgen und kein Zustand in seiner Brust ent= schlüpfte ihm." Als ein Genialer war Christus, wie Budha, kein Gelehrter. Was aber das Wissen der Genialen zu bedeuten habe, macht uns Mainländer mit den entzückendsten Vergleichen klar. So sagt er z. B.: „Ihr Wissen gleicht einer Schale voll reinen Jasminöls, des kostbarsten Oeles, das es gibt; die Vielwisser einer Tonne Wassers mit Einem solchen Tropfen."

Christus besaß viele Charakterzüge Budha's, hatte aber auch große Eigenthümlichkeiten. Mit Bezug hierauf möge noch eine Stelle Platz finden, die einen wichtigen Gegensatz zwischen Christus und Budha betrifft. „Das Schwanken zwischen den beiden Zuständen namenloser Angst und glutvollster Begeisterung mußte das Wesen des Heilands tiefernst machen und ihm das Ge= präge der rührendsten Melancholie geben. Die Todessehnsucht, die Sehnsucht nach der völligen Vernichtung, die dadurch verstärkt wurde, daß er seinen Opfertod, die Bluttaufe, als unumgänglich nothwendig erkannte, kämpfte mit dem zitternden Fleische unauf= hörlich. Nur ein Unmensch kann das dreizehnte Capitel des Evan= geliums Johannis ohne Thränen lesen. Die Züge Budha's da=

---

*) Diese Eigenschaft Christi kommt neuerdings auch in A. Rembe's lesenswerther Schrift: „Christus, der Mensch und der Freiheitskämpfer" sehr zur Geltung.

gegen zeigten immer ruhige Gelassenheit, freundliche Güte und Un=
anfechtbarkeit. Aber deshalb steht uns auch Christus viel näher
und sein Leben ergreift und packt unser Herz viel kräftiger als das
Leben des großen Inders."

Nachdem Mainländer das Charakterbild Christi vollendet
hat, schließt er, wie folgt: „Was Christus erlangen wollte, wurde
ihm nach dem Tode zu Theil. Das Bild des gekreuzigten Zimmer=
mannsgesellen, der für die Menschheit in den Tod gegangen ist,
steht im selben klaren Lichte, wie das Bild des indischen Königs=
sohnes, der dem Thron seiner Väter entsagte, schmutzigen erbettelten
Reiß aß und fünfundvierzig Jahre lang, unermüdlich lehrend und
kämpfend, das Land durchwanderte, um die Menschheit zu erlösen.
Und kein Anderer steht neben diesen Beiden, Keiner wird je
neben ihnen stehen. Nur zwei Andere stehen auf einer tieferen
Stufe zu ihrer Rechten und Linken: Kant und Schopenhauer,
Helden des Geistes, allein nicht des Geistes und des Herzens.
Was sind alle anderen hervorragenden Menschen auf allen Gebieten
der Cultur im Vergleiche mit diesen? Was Moses? was Phi=
dias? was Raphael? was Spinoza? was Newton? was
Goethe? was Beethoven? Und wohl den Menschen, daß sie
diese vier haben! Wohl Dem, der sich mit ihrer Milch sättigen
kann!" Höchstes Heil aber nur Dem, der diesen Genesungstrank
aus Mainländer's Hand empfangen kann! Möge bald die Zeit
herbeikommen, da man erkennen wird, daß Mainländer jenen
Vieren zugesellt werden muß, ja, daß deren Bund nur durch ihn,
den vermittelnden Fünften, eine feste harmonische Gestaltung ge=
winnen konnte.

X.

Der Socialismus.

Von der Lösung der socialen Frage
hängt die Erlösung der Menschheit ab:
das ist eine Wahrheit an der sich ein edles
Herz entzünden muß. Die sociale Bewegung liegt in der Bewegung der Menschheit, ist ein Theil des Schicksals der Menschheit, das die Wollenden und Widerstrebenden
mit gleicher Gewalt in seinen unabänder-
lichen Gang zwingt.

Mainländer.

Das Wesen und die Bedeutung der socialen Frage erörtert
Mainländer, wie wir gesehen haben, im Allgemeinen schon in
seiner „Politik". In seinen „Parerga", wie man den II. Bd.
seines Werkes nennen könnte, tritt er der Frage mit drei Essays
näher, deren Hauptgedanken im Nachstehenden mitgetheilt werden
sollen.

1. Der theoretische Socialismus.

Den höheren Schichten des deutschen Volkes gewidmet.

Der Essay, der diesen Titel führt, bringt uns ungemein an-
sprechende Betrachtungen über die beiden „Spukgestalten": Communismus und freie Liebe. In dem Lichte, mit dem Mainländer dieselben beleuchtet, zeigen sich uns diese Ungeheuer,
Manchem wohl wider Erwarten, als zwei Friedensengel, deren
glühender Herzenswunsch eine leidlose Menschheit ist.

Den Communismus ins Auge fassend, weist Mainländer zunächst unwiderleglich nach, daß alle Menschen mit wenigen Ausnahmen das größte Interesse daran haben müssen, daß
die gegenwärtige Lage der Dinge verändert werde. Nach Auf-
zählung der einzelnen hiebei betheiligten Klassen fährt Mainländer

fort: „Lauter aber, als all dieses leidvolle und schwermüthige Rufen oder wüste wilde Geschrei von allen Seiten redet Etwas, was ich in meinem Hauptwerk schon gehörig betonte, Etwas, das trotz seiner Jedem vernehmbaren, klaren, deutlichen und dabei dröhnenden Worte fast immer unbeachtet bleibt: es ist der continuirliche Wechsel in den äußeren Verhältnissen". Sieht man nämlich von der verhält=nißmäßig sehr geringen Zahl Derjenigen ab, deren Reichthum un=verwüstlich ist, so hat kein reicher Vater die Gewißheit, daß seine Kinder nicht eines Tages in's Elend kommen werden.

Nachdem Mainländer die segensreichen Folgen des reinen Communismus (vom absoluten Communismus kann nicht die Rede sein) im Einzelnen besprochen hat, faßt er zusammen, wie folgt: „Würde der reine Communismus zur Grundlage des Staates gemacht, so würde zunächst der Staat selbst ein reines, freies, schönes Werk der Gerechtigkeit und Menschenliebe sein. Es würde ferner die Noth, das entsetzliche Gespenst, mit Krallen triefend von Menschenblut und mit dem zerlumpten Gewand, naß von Thränen todtmüder Menschenaugen, aus den niederen Klassen für immer ver=jagt und der Sorge, ihrer Schwester, welche sowohl in den oberen wie in den unteren Schichten der Gesellschaft namenloses Unglück verbreitet, die schärfsten Giftzähne ausgebrochen werden. Dann würden die Verbrecher auf den Aussterbeetat gesetzt, weil zu neuen Verbrechen nur noch wenige Motive vorhanden wären, welche in Folge der zunehmenden Bildung, d. h. des Wachsthums guter Mo=tive, immer schwächer würden, bis sie zuletzt ganz ausstürben. Schließlich würden Revolutionen und Kriege verschwinden und in allen Staaten das ganze Volk auf eine Bildungshöhe erhoben werden, in deren klarem Aether seither nur sehr wenige Bevorzugten ein reines, schönes, tiefbefriedigendes Lichtleben geführt haben. Und alles Dieses, — was wohl zu bemerken ist, — würde in die Er=scheinung treten, ohne daß die Reichen sich irgendwie einzuschränken oder Entbehrungen aufzulegen hätten; denn es ist ein national=ökonomischer Grundsatz von unbestrittener Gültigkeit, daß inner=halb der Gesellschaft im Austausch der wechselseitigen Arbeitserzeug=nisse und Leistungen die Kräfte des Menschen weit über seine Bedürfnisse hinausgehen".

Mainländer wirft sodann die beiden Fragen auf:

1) Würde in einem solchen Staate das Individuum kräftige Triebfedern haben?

2) Würde überhaupt ein solcher Staat möglich sein?

oder mit anderen Worten: „Wie würde sich die zweite Art des Eigenthums, die lebendige Arbeit, gestalten; denn im Bisherigen haben wir nur die Folgen der Concentration des Capitals in den Händen des Staates erwogen." Die bejahende Antwort, die er auf die beiden Fragen gibt, weiß er auf belehrende und unterhaltende Art mit den triftigsten Gründen zu stützen. So sagt er, um wenigstens ein Beispiel zu geben, bei der Erörterung des Punktes, inwiefern hohe Bildung mit der Verrichtung niedriger Arbeiten verträglich sei: „Das ist ja eben die süße Frucht der echten Bildung, daß sie alles Gespreizte, Affektirte, Zimperliche zerstört, die Leidenschaften dämpft, das Gemüth veredelt und einen ruhigen, geduldigen, einfachen Sinn schenkt. Ich behaupte zuversichtlich, daß in einem solchen Staate die Genialen mit Freude auf das reine Wächteramt, das ihnen Plato in seinem Staate zuwies, verzichten würden und sich in die Listen der Handwerker eintragen ließen. Sie würden gewiß einige Stunden im Tage an einem Palast bauen, oder Töpfe und Teller drehen, oder in einem Bazar verkaufen, oder Cigarren wickeln, oder Kohl pflanzen u. s. w. Warum denn nicht? Sie würden über diesen Handarbeiten schweben, das geistige Auge lichttrunken in goldene Ferne vertiefend." —

Als Einleitung zum Capitel über die freie Liebe führt Mainländer Das an, was die Apostel derselben darunter verstehen. Sie erklären:

1) Liebt ein Mann ein Weib und dieses ihn, so begründen sie eine Gemeinschaft;

2) lieben mehrere Weiber einen Mann, so kann dieser mit mehreren Weibern zusammenleben;

3) ist der Mann des Weibes oder das Weib des Mannes überdrüssig, so scheiden sie sich;

4) die Kinder werden gleich, oder einige Zeit nach der Geburt, dem Staate übergeben.

„Man ersieht hieraus klar, daß das Institut der freien Liebe die Ehe nicht aufhebt. Es besteht nach wie vor eine eheliche Gemeinschaft, eine Familie. Der Unterschied zwischen den beiden Instituten liegt auf der Oberfläche und lautet, allgemein bestimmt:

Im Institut der freien Liebe steht es im Belieben des Individuums, monogamisch oder polygamisch zu leben und die Kinder sind lediglich Staatsbürger: sie haben Erzeuger, aber keine Eltern."

Mainländer führt zunächst aus, wie das Institut der freien Liebe die Prostitution und die verhüllte Polygamie des Mannes aufhebt. Die Schein=Ehe dann von ihrer anderen Seite betrachtend, sagt er unter Anderm: „Zwei Ehegatten müssen jetzt, wenn sie sich innerlich völlig entfremdet geworden' sind, entweder wegen noch bestehender Hindernisse im Wege der Scheidung oder wegen Rücksichten auf die öffentliche Meinung, die aus der über= triebenen Heilighaltung der Ehe fließen, zerbrochene Ketten, welche aus leichten Blumenbanden schwere, klirrende, eiserne Fesseln gewor= den sind, herumschleppen: qualvoll in erstickender schwüler Luft athmend, freudeleer, zornerfüllt. Eine solche gezwungene Ehe ist die Brutstätte der inneren Verfinsterung, aus welcher Entschlüsse fließen, deren Einfluß auf das Leben der Gesammtheit unberechen= bar ist . . . . Es ließe sich an der Hand der Geschichte nachweisen, daß die menschliche Gattung bedeutend weiter wäre als sie ist, wenn das Institut der Ehe in früheren Zeiten weniger eine Zwangsanstalt gewesen wäre."

Die zweite Folge des Institutes der freien Liebe: die Kinder sind lediglich Staatsbürger; sie haben Erzeuger, aber keine Eltern, — betrachtet Mainländer nicht, ohne zuerst die Erklärung ab= gegeben zu haben: „Ich bin mir wohl bewußt, daß dieser Satz etwas sehr Gutes, ein süßes, ja heiliges Gefühl in der Brust der Väter und Mütter rauh antastet; aber ich weiß auch, daß etwas viel Besseres, ein viel süßeres und heiligeres Gefühl an die Stelle gesetzt werden kann, während schreckliche Gefühle vernichtet werden. Deshalb muthig voran!"

Nach ausführlichen herzzerreißenden Schilderungen der von den bestehenden Verhältnissen herbeigeführten Folgen gelangt Main= länder zu dem Resultate, „daß die Abtretung der Kinder an den Staat eine ganz bedeutende, gar nicht festzustellende Summe von Leid aus der Menschheit fortnehmen würde. Es würden von den Eltern abgenommen:

1) die kleinen Sorgen während der Schulzeit der Kinder;
2) die Sorgen um die Zukunft der Kinder;

3) die Gewissensbisse wegen unredlichen Erwerbs;

4) der Gram über faule und ausschweifende Kinder;

5) der Schmerz über schlechte Kinder;

6) die Qual, Kindern fluchen zu müssen;

7) die Pein der Selbstvorwürfe und der Vorwürfe unter einander;

8) Lear=Erfahrungen oder das brennende Bewußtsein, den Kindern zu lange zu leben;

9) der Schmerz über Krankheiten und den Tod guter Kinder.

Es würden ferner von den Kindern abgenommen:

1) der Schmerz über Schandthaten der Eltern;

2) der Schmerz über unwürdiges Betragen der Eltern;

3) das Herzeleid über langwierige körperliche Leiden und auf dem Grabe der Eltern;

4) die Scham über Unthaten der Geschwister;

5) die Sorge um Geschwister."

Außerdem würden die argen Mißstände fortfallen, welche die Standes= und Vermögens=Unterschiede in der heutigen Gesellschaft mit sich bringen. Ist es nicht empörend, wenn ein armes Kind sich vom Hochmuthsteufel eines Kindes reicher Eltern plagen lassen muß?

Ein besonders wichtiger Punkt ist die durch die Aufhebung der Familie leichter ermöglichte Hingabe an das Allgemeine: „Wie mancher Edle würde für die Menschheit gewirkt oder doch mehr gewirkt haben, wenn er es über sich fertig gebracht hätte, auf seinem Wege zu ihr, über geknickte Familienveilchen zu gehen, wenn er die Kraft gehabt hätte, wie Christus, zu sagen: „Wer ist mein Vater, wer ist meine Mutter, wer sind meine Schwestern?" Somit ist die Familie auch ein großes Hinderniß für die volle Hingabe an das Allgemeine!"

Auf die Hauptfrage, ob das Institut der freien Liebe wirklich das herrliche Elterngefühl zerstören würde, antwortet Mainländer: „In keiner Weise! Die Elternliebe würde ihre schlackenfreie lichtvolle Metamorphose in der Liebe zu den Kindern schlechthin finden: diese Liebe wäre die verklärte, die idealisirte Elternliebe. Die ordinäre Elternliebe ist Liebe zu bestimmten Kindern, die andere Liebe ist Liebe zu allen Kindern. In der ersteren liegt die letztere, d. h. in der unreinen, anekelnden Hülle der Affenliebe und eitelsten Selbstliebe; denn wie ich schon erwähnte, stehen die Eltern vor ihren Kindern wie vor einem Spiegel, der ihnen das eigene Bild zurückstrahlt. Blicken die Eltern auf ihre Kinder, so lächeln sie selig. Es ist dasselbe Lächeln, womit ein eitles Weib trunken zu seinem Bild im Spiegel sagt: Du bist wunderschön, du bist die Schönste auf Erden, — ob sie gleich häßlich wie die Nacht ist. — Die Affenliebe nun ist die abstoßende Mischung dieser Selbstliebe mit den Ueberbleibseln des Elterninstinkts, der jetzt für die Erhaltung der Brut nothwendig ist, in einem idealen Staate aber schon in der zweiten Generation rudimentär werden würde.

„Wir ersehen hieraus, daß auch vom ästhetischen Standpunkte aus die Abtretung der Kinder an den Staat auf's Wärmste empfohlen werden muß . . . . . Ich behaupte kühn: das Gefühl, das wir dann hätten, wäre ein unverhältnißmäßig reineres und edleres, als unsere einfältige Affenliebe, welche nur deshalb einen Adelsbrief besitzt, weil sie jenes reine Gefühl in sich schließt." —

In einem folgenden Capitel bespricht Mainländer „die allmälige Realisation der Ideale," d. h. die Art und Weise, auf welche sich die Menschheit den großen Idealen des Communismus und der freien Liebe nähert; denn es ist klar, daß selbst durch furchtbare Revolutionen die Ideale nicht sofort real werden könnten, geschweige in einer stetigen langsamen Entwicklung.

Mainländer hebt wiederholt die Verdienste Lassalle's hervor, dessen erste Forderung, das allgemeine und direkte Wahlrecht, bereits bewilligt sei. Seine zweite Forderung, der Staatscredit zur Bildung von Arbeiterassociationen, kann im gegenwärtigen Staate keine Berücksichtigung finden, weil sie den „Selbstmord der Bourgeoisie" bedeuten würde. Deshalb setzt Mainländer an ihre Stelle den Versöhnungsversuch zwischen Kapital und Arbeit, wie er ihn schon in seinem Hauptwerke auseinandergesetzt hat. „Er liegt bedeutend näher als der Staatscredit und ist zugleich weit praktischer, weil er auf etwas Realem, auf etwas schon Vorhandenem beruht, nämlich: die Betheiligung der Arbeiter am Gewinn, welche schon sporadisch, mit dem besten Erfolg für die Arbeiter und Kapitalisten in die Erscheinung getreten ist . . . . . Virtualiter liegt in dieser Versöhnung des Kapitals mit der Arbeit der reine Communismus und ich glaube, daß er nur kurze

Zeit zu seiner Entwicklung nöthig hätte . . . . . Der Schwerpunkt des echten Communismus fiele in große Verbände,
deren Thätigkeit ihren Regulator in einer Körperschaft von Ver-
tretern aus allen Theilen des Landes fände.

„Demnächst wäre auf der Bahn socialer Reformen eine pro-
gressive Erbschaftssteuer herbeizuführen, welche nach bestimmten
Perioden immer strenger würde, bis die noch vorhandenen Arbeits-
produkte aus dem ganzen vergangenen Leben der Menschheit als
Volks-Eigenthum in der Hand des Staates, resp. großer Verbände concentrirt läge." —

„Die ersten Stationen auf dem Wege zum Institut der
freien Liebe wären die gesetzliche Gestattung der polygamen Ehe
und die fakultative Abtretung der Kinder an den Staat. Die
zweite Station wäre die obligatorische Abtretung der Kinder von
sechs bis sieben Jahren und die letzte wäre die Abtretung der Säug-
linge." Mainländer ist der Ansicht, daß mit der Zeit ein allgemeiner freiwilliger Rückfall in die Monogamie stattfinden
wird, weil das dämonische unbewußte Blutleben in dem Maße
an Energie verliert, als das geistige Leben an Kraft gewinnt. Als
eine ganz eigenthümliche Form der Ehe, welche immer mehr Anhänger gewinnen werde, bezeichnet er die reine intellektuelle
Ehe, die sich negirend zum eigentlichen Zweck der Ehe verhält.
Man verbindet sich lediglich zur Erreichung idealer Ziele mit einander und schließt eine Scheinehe im guten Sinne des Wortes.
Diese intellektuelle Ehe wäre die Uebergangsform für das Cölibat. —

Das Capitel: „Höhere Ansicht," mit dem Mainländer den
von der reinsten Menschenliebe eingegebenen Essay über den theoretischen Socialismus abschließt, beginnt: „So wäre ich denn da an-
gekommen, wo ich darauf aufmerksam machen darf, daß ich nur
deshalb über die beiden großen Ideale: Communismus und freie
Liebe so unbefangen und freimüthig sprechen konnte und durfte,
weil sie meine Ideale nicht sind, weil ich etwas weit Besseres
sowohl gelehrt, als auch in der Hand habe. Meine Ethik ist
identisch mit der Ethik Budha's und der des Heilands, welche
beiden absolute Entsagung verlangen: Armuth (oder was
dasselbe ist: bloße Befriedigung der Lebens-Nothdurft auch inmitten
der Fülle) und Virginität."

Nachdem Mainländer dem Gedanken, daß seine Philosophie über den idealen Staat hinausblicke, einen neuen beredten Ausdruck verliehen hat, gedenkt er noch des „göttlichen" Plato. Er entwirft eine leichte Skizze von dessen Staat und bemerkt dazu, daß man am Staatsideale Plato's sehr deutlich den gewaltigen Fortschritt erkennen könne, den die Menschheit inzwischen gemacht hat. Plato glaubte mit Recht, daß sein Staat nur einen sehr kleinen Theil des griechischen Volkes umfassen könne. Heutzutage dagegen erstreckt sich die sociale Frage über alle Völker und man sucht die beste Form für die ganze Menschheit, um sie zu verwirk- lichen. „Das schwellt den Busen und freudestrahlend blickt die Seele aus hellen Augen."

Mainländer weist endlich darauf hin, daß die socialen Verhältnisse unserer Tage ganz ähnlich wie zur Zeit Christi lie- gen. „Oben Zuchtlosigkeit, Aberglauben (Spiritismus), Ruhe- losigkeit, Fäulniß, flehentlicher Ruf nach einem Motiv, das ver- innerlichen kann, — unten Verzweiflung, Elend, Noth, wildes Geschrei nach Erlösung aus unerträglicher Lage. Da können keine Kathedersocialisten, keine der liberalen Parteien und keine Knoten- stockhelden helfen. Es kann auch nicht der reformirte Jesuitenorden, noch weniger der Freimaurerorden helfen. Der letztere umfaßt Ge- rechte und Ungerechte, Gute und Schlechte, und seine Wirksamkeit ist eine wesentlich limitirte, fast ausschließlich auf das Wohl seiner Mitglieder gerichtete. Es kann auch kein einzelner Stand, noch die Kirche helfen; denn diese muß unzählige Compromisse mit den Schwächen der Menschen, ihren Standesvorurtheilen und mit der Macht abschließen . . . . . . Was Noth thut, ist ein Bund der Guten und Gerechten, ein Bund, den nur Gute und Gerechte bilden und der seine Wirksamkeit auf alle Menschen richtet; oder mit einem Wort: Gralsritter, Templeisen, glutvolle Diener des in der Taube verkörperten göttlichen Gesetzes: Vaterlands- liebe, Gerechtigkeit, Menschenliebe und Keuschheit." Von einem solchen „Bund der Guten und Gerechten" handelt ein besonderer, der dritte Essay über den Socialismus.

2. Der praktische Socialismus.
Den deutschen Arbeitern gewidmet.

Den Inhalt dieses Essay's bilden drei Reden an die deutschen Arbeiter:

8*

I. Das Charakterbild Ferdinand Lassalle's.
II. Die sociale Aufgabe der Gegenwart.
III. Das göttliche und das menschliche Gesetz.

Dem Titelblatt folgt eine Seite mit den bedeutungsvollen, vier Wochen vor Mainländer's Tode niedergeschriebenen Worten: „Sollte mich das Wehen des heiligen Geistes: das erstickende Mitleid mit den Menschen, noch ein wenig mehr erfassen, so daß es mich aus meiner friedevollen- Einsamkeit, in der ich so unsagbar glücklich bin, hinaus in die Welt wirbelte, wie es Budha, Christus und in der tiefsinnigen Dichtung den Parzival ergriffen und gepeitscht hat, so würde ich den deutschen Arbeitern die nachfolgenden drei Reden halten."

Mainländer macht den Arbeitern in der ersten Rede zunächst klar, daß Lassalle die sociale Bewegung nicht erzeugt, nicht erfunden habe, sondern daß diese identisch mit der Menschheitsbewegung sei. Lassalle habe sie den Arbeitern seiner Zeit zum Bewußtsein gebracht und ihr Ziel enthüllt. „Wir haben durch Lassalle eine ganz specifisch deutsche Arbeiterbewegung, welche das deutliche Gepräge seines mächtigen Geistes trägt und nicht mehr aus der Welt zu schaffen ist, welche aber auch nur dann erfolgreich sein kann, wenn sie im Sinne ihres Urhebers fortgesetzt wird. Damit ich euch nun gleich auf den Punkt dränge, den ich im Auge habe, sage ich euch: der Zweck dieser Reden ist eben der, euch von den Irrlichtern abzuziehen und euch auf den Geist Lassalle's zurückzuführen; dann, euch durch diesen Geist zu verinnerlichen und schließlich durch ein neues Ziel den Enthusiasmus in euch zu gebären."

Am Charakterbild Lassalle's, das Mainländer sodann an der Hand zahlreicher Citate aus dessen Schriften aufstellt, hebt er insbesondere dreierlei hervor: An Lassalle war jeder Zoll ein deutscher Patriot, er war ein eminent praktischer Socialpolitiker; er war ein Volkstribun, ein treuer, ehrlicher Diener der Arbeiter. Als solcher förderte er neben dem Interesse des Volkes freilich auch sein eigenes: Ruhm und Ehre. Aus praktischen Gründen empfiehlt es sich jedoch, Lassalle höher zu stellen. Er wurde im Moment des Todes rein von den Makeln des Lebens, so daß als Beweggrund für seine Handlungsweise nur das erstickende

Mitleid mit den Menschen übrig bleibt. „Blickt ihn genau an, — und dann schwört, daß ihr sein wollt: deutsche Patrioten, praktische Politiker, todesmuthige Helden!"

Bevor Mainländer in der zweiten Rede die sociale Aufgabe der Gegenwart selbst ins Auge faßt, deckt er unbarmherzig die Schäden der heutigen deutschen Socialdemokratie auf, die Worte Lassalle's auf sich in Anwendung bringend: „Ich bin nicht gekommen, um euch nach dem Munde zu reden, sondern um als ein freier Mann euch die ganze Wahrheit ungeschminkt und, wo es nöthig ist, auch schonungslos zu sagen."

Mainländer fragt vor Allem: „Ist die deutsche Socialdemokratie patriotisch? Sie ist nicht patriotisch, sondern kosmopolitisch, international, d. h. haltlos, verschwommen, vergiftet, ohnmächtig." Nun folgen auf vielen Seiten die bittersten Vorwürfe über den Mangel an Vaterlandsliebe und, dazwischen eingestreut, begeisternde Worte zur Verherrlichung dieser Tugend. Man höre z. B.: „Das ist noch nicht dagewesen, daß ein in der Blüthe seiner Männlichkeit stehendes Volk weder seine Erfolge bewundert, noch nach neuen strebt, sondern die nationale Vergangenheit und die nationale Zukunft aus den Augen verliert und wie ein Kind nach bunten Schmetterlingen jagt. Das ist Wahnsinn, das ist ein Verbrechen wider den heiligen Geist, der die Menschheit führt .... Ich bin nicht grausam, aber mein Herz durchzuckt der entsetzliche Wunsch, daß alle Diejenigen, welche mit der Internationalen liebäugeln, aus ihrem Vaterland verbannt würden und zehn Jahre lang nicht zurückkehren dürften. Zehn Jahre? O nein! Es wäre zu schrecklich. Nur fünf Jahre lang!"

„Je edler der Mensch ist, je genialer, desto machtvoller entwickelt sich in ihm die Vaterlandsliebe, denn sie schließt nicht nur die Liebe zur Menschheit nicht aus, sondern ist geradezu der einzige Boden, wo die Liebe zur Menschheit gedeihen, wo für die Menschheit Ersprießliches geleistet werden kann .... Und von allen edlen Gefühlen, welche die Vaterlandsliebe gebärt, — wollen euch die Unseligen scheiden, denen euer Ohr gehört. Es ist ihnen nicht genug, daß ihr geschieden seid, von allen Schätzen der Cultur und in totaler Verfinsterung des Geistes ein thierisches Dasein fristet, — sie wollen auch den letzten edlen Funken in euren Herzen

verlöschen, der unabhängig von Geistescultur ist, der im Blute dä=
monisch liegt, der in der Brust des rohen Wilden liegt, wie in der
des edelsten Menschen, ja der in den Thieren liegt; denn was hält
viele Vögelein im Winter zurück? Die Liebe zur Heimath. Was
fürchten sie mehr als den Hungertod? Ein Leben fern von der
Heimath. Was treibt die gefiederten Sänger, die im Herbst in
mildere Länder ziehen, im Frühjahr zurück? Die Liebe zur Heimath.“

Mainländer erklärt den Arbeitern die hohe Bestimmung,
welche dem deutschen Volke im Berufe der Völker zukomme, und
bezüglich welcher die Auffassungen Fichte’s, „des genialsten phi=
losophischen Politikers aller Zeiten“, und Lassalle’s sich deckten:
Deutschland werde der Führer der Menschheit bis zum idealen
Staate sein. Mainländer verlangt daher vom deutschen Arbeiter
daß er seine Feindschaft gegen das mit dem Blute der Deutschen
errungene kostbare deutsche Reich vollständig aufgebe, ja, daß er
„mit jubelndem Herzen in heller lichter Begeisterung den Rock des
deutschen Reiches anziehe“ und sich nicht an den Haaren zum Mi=
litärdienst ziehen lasse. Denn die „gegenwärtige politische
Ordnung Europa’s lehrt uns, daß die großen politischen Fragen
alle, alle ohne Ausnahme, nur mit dem Schwert entschieden werden
können. Die Interessen sind zu verschiedenartig, als daß sie auf
friedlichem Wege versöhnt werden könnten . . . . Je kräftiger durch
euch das deutsche Reich in diese Kämpfe eintreten wird, desto mehr
werdet ihr für die gesammte Menschheit thun, deren Bewegung im
Grunde nur Eine ist.“

Den weiteren Vorwürfen, die Mainländer der von allen
Parteien mit Recht gemiedenen socialdemokratischen Partei zu machen
hat, legt er Lassalle’s Wort zu Grunde: „Alle reellen Erfolge
im Leben wie in der Geschichte lassen sich nur erzielen durch reelles
Umackern und Umarbeiten, nie durch Umlügen.“ Lassalle
habe flehentlich gebeten: „Keinen Parteihaß! Ehrlichen Kampf!“
Zu dem reellen Umackern gehöre der nationale Boden, sowie
der Verkehr mit den Hauptführern der anderen Parteien, die über=
zeugt sein wollen. Zu dem Umlügen aber gehöre vor Allem
die Hoffnung auf einen gewaltsamen Umsturz. „Glaubt ihr
wirklich, die heutige Gesellschaft fürchte euch? Phantasten werden
nie gefürchtet, wohl aber ernste kluge Politiker . . . . . . Euere
Bewegung, die so schön und vielversprechend begonnen hat, ist

rückwärts gegangen anstatt vorwärts; ihr seid auf Abwege gerathen. Ermannt euch, erkennt die falsche Bahn und kehrt um. Dann — und nur dann — könnt ihr siegen, und daß ihr dann siegen werdet — das weiß ich."

Jetzt wendet sich Mainländer zur ausführlichen Erklärung des praktischen neuen Zieles, das er der Arbeiterbewegung an Stelle der von Lassalle vererbten unpraktischen Forderung des Staats=credits geben will. „So rufe ich euch denn mit Worten Lassalle's zu: Beginnt „eine gesetzliche und friedliche, aber unermüdliche, un=ablässige Agitation" für die Einführung der Betheiligung der Arbeiter am Gewinn der Geschäfte und des freien wissenschaftlichen Unterrichtes. . . . . Eine solche Agitation kann nicht mißlingen. Stoßt ihr den Schrei: Bildung aus, so werden unzählige edle Herzen in den höheren Ständen sympathisch erzittern."

Nachdem Mainländer noch auf die Nothwendigkeit einer neuen Steuergesetzgebung und der Reform der Landwirthschaft auf=merksam gemacht hat, schließt er mit zündenden Worten über die Kraft der Wahrheit und ruft den Arbeitern zu:

„Seid Deutsche, nur Deutsche!

Seid praktische Politiker, praktische Socialdemokraten, ehrliche Arbeiter!

Seid todesmuthige Soldaten!" —

In der dritten Rede unternimmt Mainländer nichts Geringeres, als die Arbeiter mit den schwerwiegendsten Resultaten der Philosophie bekannt zu machen, indem er ihnen die Unter=scheidung des göttlichen vom menschlichen Gesetze erläutert. Die beispiellose Klarheit, mit der er diese schwierige Aufgabe löst, muß uns zur höchsten Bewunderung hinreißen. Der Möglichkeit Raum gebend, daß die sociale Bewegung keinen friedlichen Verlauf nehmen könnte, gibt Mainländer mit dem Resultate dieser Rede dem Verhalten der Arbeiter eine feste unumstößliche Norm für den Fall eines Conflictes zwischen Vaterlandsliebe und Menschheitsliebe: „In allen Actionen des Staates nach außen muß makellose Pflicht=erfüllung, makellose Vertragstreue bethätigt werden. Im Innern des Staates ist die glühendste Hingabe an das göttliche Gesetz zu üben, damit dasselbe seine volle Verwirklichung in der Gesellschaft finde. Wer unter der Fahne steht, muß makellos vertragstreu sein. Wer nicht

unter der Fahne steht, hat das göttliche Gesetz über das mensch=
liche zu stellen, und darf vor keinem Conflict, der hieraus entstehen
mag, zurückschrecken. „Du sollst Gott mehr gehorchen als den
Menschen." Zugleich mache ich nochmals darauf aufmerksam, daß
die Gesetze gegen Mord und Diebstahl Urgesetze sind, die als
Ausfluß der Naturnothwendigkeit ebenso heilig wie das göttliche
Gesetz selbst sind. — Möge sich Das, was ich euch sagte, tief in
euere Seelen eingraben."

3. Das regulative Princip des Socialismus.
Der Gralsorden.
Der Menschheit gewidmet.

Die Stiftung des Gralsordens ist Mainländer's Ver=
mächtniß im engeren Sinne, ein Vermächtniß voll Weisheit, Liebe
und Hoheit, wie es die abendländische Welt noch nicht gesehen. Der
Gralsorden bedeutet eine freie Association der Guten und Gerechten.
Der Zweck desselben ist die treue unermüdliche Bereitung und
Ebenung aller Wege, die zur Erlösung der Menschheit führen.
Den Essay über den Gralsorden bezeichnet Mainländer als einen
Versuch, „die Wirksamkeit, welche eine solche freie Vereinigung von
Gleichgesinnten auszuüben berufen wäre, in den Hauptzügen fest=
zustellen und den Modus ihrer Organisation durch ein bestimmtes
Statut zu reguliren."

In einem großen Vorworte gibt Mainländer neben er=
klärenden Worten über den Inhalt des Regulativs die Gründe an,
die ihn bestimmten, eine ausgesprochenermaßen auf den Resultaten der
freiesten Forschung und dem Grunde der freiesten individuel=
len Bewegung stehen sollende Institution des neunzehnten Jahrhunderts
in mittelalterliche Formen zu kleiden, insbesondere der Benennung
„Gralsorden" vor jeder anderen den Vorzug zu geben, sowie einen
„Parzival", einen durch alle Stadien des Zweifels, der inneren
Läuterung, der vollkommensten Selbstüberwindung siegreich hin=
durchgegangenen „Inmittenburch" als dieses modernen Ordens Haupt
und Stifter zu bestellen. Mainländer sieht nämlich in einer von
dem Geiste der höchsten und edelsten Humanität getragenen Ge=
nossenschaft, einer Verbrüderung von echten „Rittern des
heiligen Geistes", von freien Dienern des göttlichen Gesetzes
nichts Anderes, als die Verwirklichung des lichten Traumes, welcher

die Seele des edlen Wolfram von Eschenbach durchglühte, als er den reinen tapfern Händen der auserwählten Gralsschaar seines „Parzival" die denkbar höchste Mission der Welterlösung übertrug.

Auf das Statut des Gralsordens kann hier leider nicht eingegangen werden, weil eine Zerbröckelung dieses kostbaren Schluß= steines der socialen Abhandlungen Mainländer's ganz unthunlich erscheint. Dagegen sollen, um mit dem bereits Gesagten keinerlei Veranlassung zu Mißverständnissen zu geben, die dem Statute folgenden „Motive", in denen sich das Wesen des Gralsordens deut= lich spiegelt, unverkürzt angeführt werden:

1. Die vornehmste Aufgabe des Ordens ist die Lösung der socialen Frage, welche er als eine alle Schichten der menschlichen Gesellschaft betreffende auffaßt. Sie ist für ihn eine Bildungsfrage. Mehr als neun Zehntel der so= genannten Gebildeten ist halbgebildet, d. h. verworrener als die ganz Rohen. Der Schrei, der überall ertönt, ist ein Schrei nach Bildung, nach echter wissenschaftlicher Bildung, weil diese allein reinigen, verinnerlichen, befriedigen und erlösen kann.

Der Schrei ist ferner ein Schrei der ganzen Menschheit.

2. Der Orden durfte deshalb Niemand verschlossen sein.

3. Er durfte nicht den Ausländern verschlossen sein: die Bewegung der Menschheit resultirt aus den Bewegungen der einzelnen Völker, so lange bis die Menschheit vermöge bestimmter Institutionen Ein Volk bilden wird. Die Principien des Ordens sind solche, welche die Völker im Frieden nicht trennen; der Zwiespalt im Kriege verwischt gleichfalls nicht die Principien des Ordens; denn seine Mitglieder wissen, daß die Menschheit desto schneller zur Ruhe kommen wird, je kräftiger ihre Krisen sind. Im Frieden stehen die Gralskämpfer aller Nationen Hand in Hand; im Kriege bekämpfen sie einander und in beiden Fällen werden sie von der Taube, dem Symbole des Er= lösungsgedankens, getragen: sie verletzen mithin in keiner Weise das Princip des Ordens.

4. Der Orden durfte nicht den Schlechten und Ver= brechern verschlossen werden: die Wissenschaft führt die schwersten Verbrechen nur auf ein Uebermaß der rohen Naturkraft zurück, die in allen Menschen lebt. Die heutige Gesellschaft macht den

Verbrecher noch schlechter als er ist, wenn er aus dem Zucht=
hause entlassen wird. Der Orden dagegen sucht mild das
Feuer des wilden Blutes zu einer wohlthätigen Macht zu ge=
stalten.

5. Der Orden durfte keinen sklavischen Gehorsam gegen
eine Person verlangen. Getragen im Allgemeinen vom Geiste
des Zeitalters und im Besonderen vom deutschen Volksgeist,
der auf der freien Persönlichkeit beruht, konnte er nur einen Ge=
horsam vor dem klar zu erkennenden göttlichen Gesetze, dem
göttlichen Willen verlangen. Durch das Gelübde des Ordens
kettet sich Niemand an eine Person, sondern an ein erkanntes
klares Princip, dessen concreter Ausdruck das Bild der Taube
ist. Weil dieser Gehorsam nicht auf einem Glauben, son=
dern auf einem Wissen beruht, kann er keiner Person, sondern
nur der Wahrheit geleistet werden.

6. Deshalb durfte auch der Orden den bürgerlichen Beruf
seiner Mitglieder nicht antasten, denn der Beruf gehört zur
freien Persönlichkeit.

Der Ertrag der Arbeit mußte dagegen dem Orden zu=
fließen, da jeder Templeise und jeder Weise von der Welt abgelöst
ist, mithin auch kein individuelles Eigenthum verlangen kann.

Die Arbeit wurde durch kein Gesetz regulirt, weil Jeder
am göttlichen Gesetz einen genügenden Sporn zur Thätigkeit
hat. Dem Faulen fehlt die innere Ruhe, das höchste Gut.

Tritt ein Mitglied des Ordens aus, so schuldet ihm der
Gral Nichts, auch braucht er dasselbe nicht zu unterstützen,
denn er hat seine Arbeitskraft.

Dagegen würde es ungerecht sein, ihm das Vermögen
vorzuenthalten, das es in moralischer Begeisterung der Taube
opferte. Deshalb mußte die Bestimmung gesetzt werden, daß
nur der Tod eine Schenkung perfekt macht und eine Zurück=
nahme der Gabe bei Lebzeiten jederzeit gestattet ist.

Der Orden verkennt nicht die Macht, welche ein großer
Besitz gibt, aber höher, viel höher schätzt er die Macht des
reinen Strebens seiner Glieder und die Macht des göttlichen
Athems, der sie belebt.

7. Der Orden durfte auch die übrigen Bewegungen der
Individuen nicht eindämmen. Die Diener des göttlichen Ge=

setzes zerfallen in zwei Klassen: in solche, welche vorzugsweise in ruhiger Beschaulichkeit und im ruhigen schriftlichen Aussprechen ihrer Ueberzeugung, seltener in ruhiger mündlicher Ermahnung Frieden finden, und in solche, welche noch zu energisch für diese Thätigkeit sind. Ihre Energie verlangt adäquate Bethätigung und findet nur den inneren Frieden, wenn sie das göttliche Gesetz in der Menschheit zu ver= wirklichen mit aller Kraft versuchen darf.

Allen Mitgliedern, besonders aber den Templeisen, mußte deshalb der Verkehr mit der Welt offen gehalten werden, obgleich sie nicht mehr zur Menschheit gehören.

Die Templeisen schrecken nicht vor Blut zurück, weil sie wissen, daß die heutige Menschheit noch von Zeit zu Zeit der Bluttaufe bedarf. Die Weisen dagegen wollen kein Blut ver= gießen: das trennt die beiden Hauptzweige des Ordens. Aber Alle weihten ihr Leben der Menschheit: das verbindet wieder auf's Innigste die beiden Hauptzweige des Ordens.

Der Verkehr mit der Welt hätte übrigens schon deshalb den Mitgliedern frei gehalten werden müssen, da einerseits der Orden principiell keinen äußeren Gottesdienst kennt und andererseits mancher Weise, der Anregungen wegen, den äußeren Gottesdienst nicht entbehren kann; ferner weil viele Mitglieder ihrem Berufe nur auf die gewöhnliche Weise nachgehen können.

8. Der Orden durfte den Austritt nicht beschränken; denn er will das Glück, den Herzensfrieden, die volle Un= beweglichkeit, das tiefe Schweigen des inwendigsten Grundes der Seele in seinen Mitgliedern erzeugen, nicht erzwingen. Der Stifter wußte wohl, daß nur Menschen von einer be= stimmten Kraft sich mit Erfolg so weit selbst binden können, wie der Orden es verlangt, und daß mithin Selbsttäuschungen in der Glut der ersten Begeisterung vorkommen müssen. Weil nun ein Uebermaß roher Naturkraft nicht immer durch ein edles Motiv geschwächt wird, sondern oft nur im Taumel der Weltlust abgetödtet werden kann, so mußte der Rücktritt eines Mitglieds in die Welt absolut frei sein.

9. Es würde der politischen Philosophie widersprochen haben, den Orden auf anderen Pfeilern als auf der vollsten Gleichberechtigung aller Glieder, auf der beschränktesten Macht=

befugniß des Parzivals und auf der Majorität der Ordens=
mitglieder zu errichten. Unser Gesetz ist das göttliche Gesetz
und dieses schließt die Herrschaft eines Menschen, er sei noch
so genial, edel und gut, aus.

Die wenigen Vorrechte des Parzivals entsprechen seinen
höheren Pflichten und seiner größeren Verantwortlichkeit. Sie
bilden nur ein Wächteramt für die Reinheit und das Ge=
deihen des Ordens. Seine erste Stellung unter Gleichen wird
ausgeglichen durch die Befugniß des Loherangrin=Kapitels.

10. Es würde ferner ein Merkmal nicht nur mangel=
hafter Urtheilskraft und mangelhaften praktischen Sinnes,
sondern auch falscher Weltanschauung gewesen sein, wenn der
Stifter die Frauen von den idealen Zielen des Ordens aus=
geschlossen hätte. Das Weib will und muß erlöst werden,
wie der Mann. Das Weib ist ferner eine Macht und die
gebundene Kraft in der Frauenwelt unserer Tage kann gar
nicht berechnet werden. Diese eminente gebundene Kraft wie
Dornröschen zu erwecken und ihr ein hohes edles Ziel zu geben,
betrachtet der Stifter des Ordens als eine Lebensaufgabe.

Der Verleumbung, die noch Jahrhunderte lang mit
ihrer schleimigen Zunge alles Edle belecken wird, mußte je=
doch dadurch begegnet werden, daß beide Orden als solche
absolut von einander getrennt wurden und nur die gemein=
samen Interessen durch die beiden Vorstehenden gemeinsam
erledigt werden.

11. Der Stifter des Ordens legt in seinem Herzen einem
Ceremoniell absolut keinen Werth bei. Er mußte sich aber
sagen, daß sich Nichts tiefer in das Menschenherz einprägt,
als eine durch die Phantasie gegangene schöne und feierliche
Handlung. Deshalb gewährte er eine solche aus praktischen
Rücksichten, schränkte aber das Ceremoniell auf diese Hand=
lung ein. Die Erinnerung an die liebevolle Aufnahme, an
das Bild der Taube kann in Niemand erlöschen, auch in Dem
nicht, welcher den Orden wieder verläßt. Die Taube wird
heller in sein Leben strahlen, als wenn er in jenem ergreifenden
Moment ihren süßen Leib nicht mit den Händen umspannt hätte.

12. Eine Ordenstracht würde in unseren Zeiten einfach
lächerlich sein.

13. Die Ketten, Bänder und das einfache Bild der Taube sind nicht im Sinne einer Decoration aufzufassen, welche die Ordensmitglieder vom Standpunkt ihres absoluten Verzichts auf jeden irdischen Tand, ihrer vollkommenen Loslösung von Personen und Sachen, verachten müssen, sondern lediglich als Zeichen des vollzogenen Opfers. Auch tragen die Mitglieder dieselben im gewöhnlichen Leben immer verdeckt, wenn sie dieselben überhaupt tragen. Das todte Metall kann eine große Kraft erlangen und dieser möglichen Wirksamkeit mußte durch das sichtbare Zeichen die Hand geboten werden.

14. Die Hausordnung hatte auf die immer mehr zur Geltung kommende vernünftige Ernährungsweise (Pflanzenkost) Rücksicht zu nehmen, damit sich kein Mitglied unbehaglich fühle.

Selbstverständlich gibt es im Orden kein bestimmtes Nahrungsquantum. Jeder ißt so lange von der einfachen, aber schmackhaften Kost, bis er gesättigt ist.

Das zusammenfassende Schlußwort zum Essay „der Gralsorden" lautet:

„Der Orden will den Volksgeist reguliren, nicht dominiren. Er will ferner die Gesellschaft und ihre Arbeit dadurch regeneriren, daß er auf allen Gebieten menschlicher Thätigkeit Musterbilder schafft. Schon durch den verschiedenartigen Beruf seiner Mitglieder ist er ein Bild der Gesellschaft im Kleinen. So wird er allmählich eine Norm für die Wissenschaft, die Kunst, den Landbau und die Industrie werden. Seine Ziele sind: eine freie Universität, eine freie Kunstschule, ein freies Unterrichtswesen, kurz ein vollendetes Lehramt und die Gestaltung aller Arbeitszweige nach Idealen, welche die Wissenschaft aufstellt. Der Orden ist die Verwirklichung des Traumes des größten deutschen mittelalterlichen Dichters, Wolfram's von Eschenbach. Der Orden ist eine „öffentliche Standarte des Rechts und der Tugend." (Kant.) Er ist die „Herberge der Gerechtigkeit" des neunzehnten Jahrhunderts. Er ist der Morgenstern des idealen Staates. Die Taube breite schützend ihre Flügel über ihn und lasse ihn gedeihen zum Wohle der Menschheit. *)

---

*) In der Reihenfolge, wie die zwölf Essays geschrieben wurden, war dieser der letzte. Wenige Tage nach Vollendung desselben betrat Mainländer den Weg des Todes.

XI.

Vereinzelte Mittheilungen.

> Die Last des empirischen Materials ist
> geradezu erdrückend, und nur mit dem Zau=
> berstabe eines klaren, unumstößlichen philo=
> sophischen Princips läßt sich die Sichtung
> einigermaßen bewerkstelligen, wie sich nach
> den Tönen der orphischen Leyer die chao=
> tischen Steinmassen zu symetrischen Bauten
> ordneten.   Mainländer.

Da die noch nicht besprochenen Abhandlungen M a i n l ä n =
d e r ' s in Rücksicht auf den dieser Schrift gesetzten Umfang nicht
auf die bisherige systematische Art im Auszuge wiedergegeben wer=
den können, so soll der noch verfügbare Raum wenigstens zur Mit=
theilung einiger, den großen Denker bekundenden Hauptmomente be=
nützt werden.

In den sieben ersten, unter dem Titel „R e a l i s m u s   u n d
I d e a l i s m u s" vereinigten Essays gibt M a i n l ä n d e r auf Grund
der von ihm geläuterten und ergänzten Begriffe Realismus und
Idealismus eine unvergleichlich deutliche, weil nur das Wesentliche
enthaltende Skizze von der Entwicklung des menschlichen Geistes,
d. h. eine übersichtliche Darstellung der wichtigsten Religionen und
philosophischen Systeme. Die Grenzen des ganzen Gebietes über=
sehen wir, wenn wir nur die folgende einleitende Bemerkung Main=
länder's lesen: „Das, was die einzelnen R e l i g i o n e n und die
einzelnen p h i l o s o p h i s c h e n S y s t e m e von einander t r e n n t,
ist nur die Art des V e r h ä l t n i s s e s, in welches das Individuum
zur übrigen Welt gesetzt wurde. Bald wurde die größere Macht
dem Ich zugesprochen, bald der übrigen Welt, bald wurde
a l l e Macht in das Ich, bald alle Macht in die übrige Welt ge=
legt, bald wurde die Macht der übrigen Welt, die sich dem vorur=
theilslosen klaren Auge des Denkenden immer als eine Resultirende

vieler Kräfte zeigt, als solche, aber roh aufgefaßt, bald wurde sie zu einer verborgenen, heiligen, allmächtigen Einheit gemacht. Und diese Einheit wurde dann wieder bald außerhalb der Welt und diese nur beherrschend, bald innerhalb der Welt und diese belebend (Weltseele), gesetzt." Die Hauptstationen des vom menschlichen Geiste bei seiner Entwicklung zurückgelegten Weges erkennen wir in einem im siebenten Essay gegebenen Rückblicke. Dem letzten Theile des-selben, der sich auf Mainländer's Stellung zu den anderen Lehren bezieht, entnehmen wir: „Meine Philosophie ist Phi-losophie des Christenthums, d. h. Verklärung und kritische Erleuch-tung der Religion der Erlösung. Sie ist ferner, wie man deutlich einsehen muß, Verbindung des exoterischen Budhaismus (Selbst-herrlichkeit des Individuums) mit dem Pantheismus und Mono-theismus (todtes Individuum), welche Lehren halbe Wahrheiten enthalten. Sie ist ferner Atheismus, gegenüber einem persönlichen Gott über der Welt oder einem einheitlichen Gott in der Welt, und reiner Theismus, wenn man den Zusammenhang der Indivi-duen, das Verhältniß, in dem sie zu einander stehen, Gott, und die aus dem Zusammenwirken aller Individuen der Welt resulti-rende einheitliche Bewegung den Willen Gottes nennt. Meine Lehre ist mithin im eminentesten Sinne des Wortes Abschluß aller philosophischen Systeme und zugleich Metamorphose der echten Religion. Im Hinblick auf die speculative Philosophie ist sie auch ganz bestimmt die absolute Wahrheit, weil sie den esoterischen Theil des Budhaismus und des Christenthums auf ihrer Seite hat. Dagegen ist sie selbstverständlich in ihrem empirischen Theil, der die Naturwissen-schaften, die Künste und die politischen Wissenschaften (Staatswissen-schaft, Geschichte, National-Oekonomie u. s. w.) umfaßt, läuter-ungs- und fortbildungsfähig, d. h. keine absolute Philosophie."

Sehr bemerkenswerth ist, daß Mainländer dem Alten Te-stament eine ganz andere Bedeutung zuspricht, als die wegwerfende einer „Judenmythologie." So sagt er einmal im Essay „Realis-mus": „Keine Urkunde der menschlichen Gattung aus jener spro-ssenden treibenden Frühlingszeit des Geistes zeigt uns das wilde Gähren des Forschungs- und Wahrheitstriebes in einer so herrlichen Form wie das alte Testament . . . . Wir finden ein intensives Schwanken des Menschen zwischen den beiden sich widersprechenden

Sätzen des Welträthsels und hören dann bald Worte der sich voll=
ständig ohnmächtig fühlenden Creatur, bald Worte der auflobern=
den Individualität."

Ganz besonders meisterhaft ist der Essay „Idealismus" ge=
schrieben. Das Verhältniß der Lehren der einzelnen idealistischen
Philosophen liegt sonnenklar vor uns. Und welch' herrliche Diktion!
Man höre z. B.: „Cartesius hatte nur gleichsam mit donnern=
der Stimme einen Weckruf für die träumenden Geister erschallen
lassen oder auch, er war nur ein Rufer in dem heißen schönen
Kampf der Weisen für die Wahrheit gegen die Lüge und Finster=
niß gewesen. Diesen Ruf beherzigte zuerst Locke und veränderte
sofort seine Richtung. Von Locke an aber konnte die kritische
Philosophie nur noch Entwicklung sein. Kein Philosoph nach Locke
konnte und durfte das Werk des Meisters unberücksichtigt lassen.
Es war Eckstein des Tempels geworden, es war das erste Glied,
welches Bedingung der Kette ist, ohne welche kein anderes Glied
einen Halt hat; es war die Wurzel, ohne welche kein Stengel, kein
Blatt bestehen kann. Von ihm ab sehen wir immer den Nachfolger
auf den Schultern des Vorgängers stehen und blicken mit entzücktem
Auge auf die herrlichste Erscheinung im Leben der europäischen
Völker: auf die germanische Philosophenreihe. Locke,
Berkeley, Hume, Kant, Schopenhauer, — welche Namen!
Welche Zierden der menschlichen Gattung!" Und wie gewinnen
diese Zierden erst mit ihrer Krone, dem Namen Mainländer!
— Ueberaus treffend charakterisirt Mainländer die That Scho=
penhauer's: „Auch bei ihm hat die Wahrheit ironisch gelächelt,
aber nur sehr schwach; denn die Liebe zu ihm war zu stark. War
er doch Derjenige, welcher ihr beinahe den letzten Schleier abge=
rissen hätte: eine That, die sie aus tiefstem Herzen ersehnt, um
alle Menschen beglücken und erlösen zu können."

Als eine Hauptaufgabe sieht Mainländer den Kampf
gegen den Pantheismus an, der zwar nothwendig für die gei=
stige Entwicklung der Menschheit war, jetzt aber nur noch schlechtes
Holz sei. „Der unleugbare feste Zusammenhang der Dinge,
welcher zum absurden Pantheismus, d. h. zum Resultat einer in
der Welt lebenden einfachen Einheit führte, ist Erbschaft aus der

Natur der vorweltlichen Einheit. Ich nannte dieses kostbare Erbe schon im Essay „Budhaismus" das Kleinod am Halse des hölzernen Götzen; indem wir es abnehmen und den Götzen verbrennen, haben wir das Wesentliche und Werthvolle des Pantheismus in der Hand ohne seine entsetzliche Absurdität: den Gott in der Welt, er heiße Materie oder Wille oder Idee oder unbewußte Unwissenheit."

Im siebenten Essay erbaut Mainländer das wahre Vertrauen, d. h. die volle Unanfechtbarkeit im Leben auf der Todesverachtung und deren Steigerung, der bewußten Todesliebe. Am Schlusse des Essay's entwickelt er sodann nochmals den Charakter des weisen Helden, und zwar diesmal an der Hand Wolfram's von Eschenbach den Charakter des Parzival. Wie weiß Mainländer, selbst ein Dichter, seinen großen Genossen zu schätzen! „Ich habe schon mehrmals auf den hohen Rang hingewiesen, den die germanischen Völker unter den Nationen der Menschheit einnehmen. Wahrlich, wir würden ihn behaupten können, wenn unser Volk in seinem ganzen bisherigen Entwicklungsgange nur den Wolfram von Eschenbach erzeugt hätte. Er ist nicht der größte Dichter der Deutschen; aber kann es denn Jemand geben, der im Ernste behaupten wollte, er stünde mehr als eine kleine Linie unter Goethe? Vom rein philosophischen Standpunkte gar wird der Faust zu einem blassen Schatten neben dem Parzival, und Wolfram überragt Goethe um einen vollen Kopf; denn was ist der Parzival Anderes als die dichterische Gestaltung des echten weisen Helden, die glutvolle Verherrlichung Budha's oder Christi? Der Parzival ist eine Dichtung, welche allerdings die Evangelien zur Bedingung hatte, aber die Evangelien entbehrlich macht. Würden diese untergehen, ingleichen würden alle budhaistischen Schriften untergehen und bliebe einzig und allein der Parzival, so hätte die Menschheit nach wie vor der „Weisheit höchsten Schluß." Sie dürfte getrost sein: ihrer ferneren Entwicklung würde nicht der Sauerteig fehlen, nicht „die Wolke am Tag und die Feuersäule bei Nacht," nicht die duftige Blüthe des menschlichen Geistes. Vertieft man sich in die Dichtung des genialen Franken, so wird man in lichteren Hüllen als irgendwo die Kämpfe erblicken, welche der Einzelne durchmachen muß, bis er den klaren Gipfel im goldenen Schein der Erlösung erreicht."

Seiling. Mainländer.   9

Die Schlußbemerkungen des lichtvollen eingehenden Kommen=
tars, den Mainländer zur Parzivaldichtung gibt, setzen den In=
halt dieses Essay's mit dem des zehnten („der Gralsorden") in
Verbindung. „Wolfram wollte ein geistliches Ritterthum der
edelsten Art, einen Orden reiner Ritter, einen Orden von Tem=
pleisen, welche der ganzen Menschheit Das seien, was die
damaligen Ritterorden, vornehmlich der Templerorden, nur für
Theile der Menschheit waren. Wolfram's umfassender Geist
konnte kein bestimmtes Volk im Auge haben: die Menschheit
war's, die sein glühendes großes Herz umfaßte. Das erhellt deut=
lich aus den Worten:

> Die Menschheit trägt den höchsten Werth,
> Die zum Dienst des Grales wird begehrt.

Er dachte sich unter dieser ritterlichen Verbrüderung zum Dienste
des heiligen Grales Ritter des göttlichen Gesetzes, die ihr ganzes
Leben diesem Gesetze weihten, nachdem sie vollständig der Welt ent=
sagt haben.

> Der Gral ist streng in seiner Kür:
> Sein sollen Ritter hüten
> Mit entsagenden Gemüthen.
> Frauenminne muß verschwören
> Wer zur Gralsschaar will gehören.

„Außerordentlich bedeutungsvoll im Orden Wolfram's ist,
daß seine Templeisen nicht Gott, nicht Christus, sondern dem Hei=
ligen Geiste geweiht sind. Sollte der geniale Dichter das Dogma
der Dreieinigkeit durchschaut haben? Es ist möglich, ja es ist sehr
wahrscheinlich und wäre gar nicht zu bewundern: zu bewundern ist
nur die Genialität, die mächtige Erkenntnißkraft, welche aus den
Werken des theuren Landsmannes so beredt spricht .... Es sind
jetzt beinahe siebenhundert Jahre, daß der selige Traum das geistige
Auge des großen Franken trunken machte. Sollte die Zeit gekom=
men sein, wo der heilige Traum in Fleisch und Blut sich verwirk=
lichen kann? Oder irrte ich, als ich eben fern, fern von mir am
flammenden Abendhimmel die glänzend gefiederte Taube sah?"

Der Essay „Aehrenlese" enthält 148 größere und kleinere
Aphorismen über die verschiedenartigsten Gegenstände.

Als Anhang zum genannten Essay folgt die hochinteressante
Besprechung der von einem Ungenannten publicirten, naturwissen-
schaftlichen Satyre: „Ueber die Auflösung der Arten durch natürliche Zuchtwahl", die Mainländer „eine der geistvollsten My-
stificationen" nennt. Das sophistische Hauptergebniß dieser Schrift
besteht nämlich darin, daß in Folge eines bereits eingetretenen Re-
duktionsprozesses der Mensch nicht vom Affen, sondern der
Affe vom Menschen abstammt.

Von den Aphorismen der reichen Aehrenlese muß sich die
Auswahl auf einige, wichtige Fragen der Gegenwart berührende
Aussprüche des philosophischen Politikers beschränken.

„Oesterreich als Slavo-Germanisches Reich hat so lange eine
Culturaufgabe als die Südslaven nicht emancipirt sind. Im Au-
genblick, wo dieses Ereigniß eintritt, hat Oesterreich seine Existenz-
Berechtigung verloren."

„Auf politischem Gebiete ärgert mich hundertmal mehr das
Geschrei der Liberalen gegen das Heer, als eine Handlung des
despotischsten Absolutismus. Immer und immer wird der Arbeits-
verlust, welchen die Gesellschaft durch die Heeresinstitution
erleide, in Zahlen ausgedrückt, in elendem Mammon. Diese er-
schreckende Zahl soll wie die Keule des Herkules wirken; sie kann
aber nur Leute zu Boden schlagen, die so beschränkt wie die Keu-
lenträger sind. Ist denn die alleinige Aufgabe des Menschen, zu
arbeiten? Ist denn die körperliche Gewandtheit, die Erziehung zu
Ordnung und Pünktlichkeit, zu Reinlichkeit, die Entfaltung des
Schönheitssinnes, das Leben in freier Luft Nichts? Sind die Ge-
nüsse der Irritabilität, ist das entzückende Spiel der menschlichen
Muskelkräfte Nichts? Für 90 % des Heeres ist der Militärdienst
eine Verbesserung der Lage. Arme Maschinen fühlen sich zum
ersten Male als Menschen. Bestreite ich, daß trotzdem 99³/₄ %
der Soldaten widerwillig ihren Dienst thun? In keiner Weise.
Aber wer kann mich widerlegen und behaupten, daß 99³/₄ % der
Soldaten, wenn sie gedient haben, nicht auf ihre Militärzeit wie
auf einen schönen Traum zurückblicken? Ich wiederhole: die Heeresinstitution ist für unsere gegenwärtigen socialen Verhältnisse ein
großer Segen."

„Es läßt sich nichts Verkehrteres denken, als der Kirche
vorzuwerfen, daß sie unter dem Deckmantel der Religion Politik

9*

treibe. Sie ist eine historisch gewordene, politische Macht und zu=
gleich eine Trösterin für Einzelne, d. h. Religion. Als politische
Macht hat sie das Recht, Politik zu treiben und zwar Politik jeder
Art, große wie kleine. Aber eben darum gilt auch der Kirche ge=
genüber die Losung: Macht gegen Macht. Sie muß mit Kanonen
und Bataillonen bekämpft werden, nicht mit erbaulichen Betracht=
ungen über das Wesen der christlichen Liebe, Duldung, Milde und
über den Abfall der Kirche vom reinen Christenthum der ersten
Jahrhunderte."

„Sobald eine große Lehre in's Leben tritt, wird sie zerstückt
und die Stücke erhalten ein individuelles Gepräge. Auf die ersten
Sekten des Christenthums folgte das große Schisma, auf dieses
das Schisma innerhalb der katholischen Kirche, auf dieses die
Sekten des Protestantismus. Anstatt über diese Reibung zu kla=
gen, sollte man sich herzlich darüber freuen. Im Innern reiben
sich die Parteien auf und den Vernichtungskampf macht von außen
der Materialismus erbitterter. Er spritzt Petroleum in den bren=
nenden Tempel. Die Materialisten sind die communards auf gei=
stigem Gebiete."

„Man hat die Franzosen sehr hübsch praktische Idealisten
genannt, im Gegensatz zu den Deutschen, den theoretischen Idealisten.
Ihre große Kraft beruht auf dem Zorn, nicht auf der Logik. Da
aber ein zorniger Greis wie ein zorniger Knabe, wenn auch nur
vorübergehend, so stark ist, wie ein ruhiger Mann und oft im Leben
der Völker ein bloßer Impuls so schwer wiegt wie eine fünfzigjäh=
rige Periode ruhiger Reform, so ist die Möglichkeit, ja Wahrscheinlichkeit
gegeben, daß die Franzosen noch einmal eine große That für die
Menschheit vollbringen. Ich spreche es noch einmal aus, und
möchten es sich doch die deutschen Staatsmänner tief in die Seele
prägen: eine Bourgeois=Republik Frankreich ist das reine Nichts.
Ein socialdemokratisches Frankreich dagegen ist sofort wieder die
Vormacht in Europa, in der Welt."

„Vom geschichtsphilosophischen Standpunkte aus muß die
deutsch=russische Allianz als nothwendiges, rein politisches Ge=
setz der nächsten Zukunft aufgestellt werden. Es ergibt sich mit
zwingender Kraft, wie jedes politische Gesetz, aus den realen Ver=
hältnissen. Von Personen ist es ganz unabhängig; stellen sich

ihm Minister oder selbst Könige entgegen, so werden sie einfach zer=
malmt oder bei Seite geschoben."

Der letzte Essay bringt uns noch ein Hauptverdienst M a i n=
l ä n d e r ' s , nämlich auf 124 Seiten eine von überlegenem Geiste
und seltener Gründlichkeit zeugende Kritik der H a r t m a n n 'schen
„Philosophie des Unbewußten." Im Gegensatz zur „Kindertrom=
pete" der gewöhnlichen Kritiker, die vermeinen, bei ihnen ständee es,
was gut und was schlecht sein solle, läßt M a i n l ä n d e r mit
diesem Essay die „Posaune der Fama" ertönen. Das vernichtende
Urtheil, das er über die Philosophie des Unbewußten zu fällen
hat, spricht sich schon in dem der Abhandlung vorgesetztem Motto aus:

> Das ist doch nur der alte Dreck;
> Werdet doch gescheidter!
> Tretet nicht immer denselben Fleck,
> So geht doch weiter!

Die Wahl dieses derben Wortes G o e t h e s ' s nebst manchem
Ergusse des Unmuths, ja unbarmherzigen Spottes und Hohnes
lassen M a i n l ä n d e r ' s sonst nur Milde und Güte athmende Per=
sönlichkeit in der Kritik über H a r t m a n n oft wie verändert er=
scheinen. Aber, verfuhr etwa C h r i s t u s milde, als er in heiligem
Zorne den Tempel in J e r u s a l e m säuberte? Und S c h o p e n =
h a u e r sagte ja: das Schlechte in der Litteratur herabzusetzen ist
Pflicht gegen das Gute.

Den Standpunkt, den M a i n l ä n d e r H a r t m a n n gegenüber
einnimmt, lassen die nachfolgenden, dem Vorworte zur Kritik ent=
nommenen Stellen wenigstens in der Hauptsache erkennen.

„Indem ich mich der mühsamen Arbeit unterziehe, den H a r t=
m a n n 'schen Pantheismus gründlich und erschöpfend zu kritisiren,
leitet mich der Gedanke, daß ich nicht nur gegen das philosophische
System dieses Herrn, sondern auch zugleich gegen verschiedene ver=
derblichen Strömungen auf dem Gebiete der modernen Naturwissen=
schaften kämpfe, welche Strömungen, wenn sie nicht zum Stillstand
gebracht werden, den Geist einer ganzen Generation verdunkeln und
desorganisiren können. Gegen Herrn von H a r t m a n n allein würde
ich nicht aufgetreten sein. Ihn und sein System auf die Seite zu
drängen, hätte ich getrost der Kraft des gesunden Menschenverstan=
des überlassen können."

„Meine Stellung Schopenhauer gegenüber ist die, daß ich mich an den individuellen Willen zum Leben hielt, den er in sich gefunden hatte, aber gegen alle Gesetze der Logik zu einer All=Einheit in der Welt machte; und meine Stellung Herrn von Hartmann gegenüber ist die, daß ich die Weiterbildung dieses All=Einen Willens mit aller geistigen Kraft, die mir zu Gebote steht, bekämpfen werde. Mein Hauptangriff wird sich ferner gegen eine Abänderung richten, welche Herr von Hartmann am genialen System Schopenhauer's machte, wodurch dessen Grundlage zer= stört wurde. Schopenhauer sagt sehr richtig: „Der Grundzug meiner Lehre, welcher sie zu allen je dagewesenen in Gegensatz stellt, ist die gänzliche Sonderung des Willens von der Er= kenntniß, welche beide alle mir vorhergegangenen Philosophen als unzertrennlich, ja den Willen als durch die Erkenntniß, die der Grundstoff unseres geistigen Wesens sei, bedingt und sogar meistens als eine bloße Funktion derselben ansahen." (W. i. d. N. 19.) Herr von Hartmann hatte nun nichts Eiligeres zu thun, als diese großartige bedeutende Unterscheidung: Das, was der echten Philosophie einen Felsen aus dem Wege geräumt hatte, zu ver= nichten und den Willen wieder zu einem psychischen Princip zu machen. Warum? Weil Herr von Hartmann ein romantischer Philosoph ist.

„Das einzige Bestechende an der Philosophie des Herrn von Hartmann ist das Unbewußte. Aber hat er dasselbe tiefer als Schopenhauer erfaßt? In keiner Weise. Schopenhauer hat das Unbewußte überall, wo es überhaupt vorgefunden wird: im menschlichen Geiste, in den menschlichen Trieben, im thierischen In= stinkt, in den Pflanzen, im unorganischen Reich, theils skizzirt, theils unübertrefflich beleuchtet und geschildert. Herr von Hartmann bemächtigte sich der Schopenhauer'schen Gedanken und kleidete sie in neue Gewänder; diese aber sind Produkte wie die eines Flick= schneiders. Man kann auch sagen: Das, was Schopenhauer in concentrirtester Lösung gab, verwässerte Herr von Hartmann. Der Vernünftige, welcher das Unbewußte kennen lernen will, möge das fade Zuckerwasser des Herrn von Hartmann ruhig stehen lassen und sich an den köstlichen süßen Tropfen des großen Geistes Schopenhauer's erquicken. Er erspart sich dadurch Zeit und hat einen unvergleichlich intensiveren Genuß."

Mainländer's Kritik verhält sich jedoch nicht etwa durch=
aus ablehnend. Ein gerechter Richter weiß er vielmehr die Lichtseiten
der Lehre Hartmann's sehr wohl zu würdigen. Darauf bezieht sich
namentlich die folgende Anrede: „Sie sind nothwendig im Entwick=
lungsgang der Philosophie gewesen. Ihr mit Ernst festgehaltener
pessimistischer Standpunkt sichert Ihnen einen Ehrenplatz in der
deutschen Nation. Ihr Pessimismus ist viel tiefer in's Volk ein=
gedrungen, als derjenige Schopenhauer's, weil Sie sich dem Geist
Ihres Zeitalters anbequemten, was Schopenhauer, als ein
gesetzgebender Genialer, nicht thun konnte. Auch Ihre Schwäche,
Ihr romantisches Traumorgan, mit dessen sophistischen Waffen Sie
für die verlorenste Sache in der Welt, den Pantheismus kämpften,
ist für die Wissenschaft nothwendig gewesen; denn ohne die mächtige
Action nicht die mächtige Reaction: der Umschlag in den echten
wissenschaftlichen Atheismus.“

Ferner soll noch darauf aufmerksam gemacht werden, daß
Mainländer die Schopenhauer'sche Farbenlehre, und
damit auch die Goethe'sche, als richtig anerkennt. Doch blieb ihm
auch hier eine interessante Berichtigung zu machen übrig. Nach
Schopenhauer theilen Roth und Grün die volle Thätigkeit der
Retina ganz gleichmäßig. Dazu bemerkt Mainländer in
seiner Kritik der Schopenhauer'schen Philosophie: „Abgesehen
davon, daß Grün viel dunkler als Roth ist, weshalb es Goethe,
wie auch selbst Schopenhauer, auf die negative Farbenseite
mit Blau und Violett stellt, so ist es schlechterdings undenkbar,
daß genau dieselbe Veränderung im Sinnesorgan das eine Mal
Roth, das andere Mal Grün hervorbringen soll. . . . . . Es ist
mir durchaus unbegreiflich, wie Schopenhauer die baare Un=
möglichkeit der Sache übersehen konnte, die doch Jedermann sofort
bemerken muß. Die einfachen Brüche müssen ihn verlockt haben.“
Mainländer ersetzt im Schopenhauer'schen Schema der Farben=
brüche den bei Grün und Roth auftretenden Bruch $1/2$ durch $5/12$
für Grün und $7/12$ für Roth und erläutert die Richtigkeit dieser
Brüche an verschiedenen Beispielen.

Die Farben haben übrigens erst durch die von Mainländer
als eine Verstandesform aufgefaßte Materie einen unerschütterlichen
Grund im Intellekte erhalten. Nach Schopenhauer ist nämlich

alle Anschauung eine intellektuale, thatsächlich war aber bei ihm die Anschauung der Farben eine sensuale.

Endlich einige Worte über Mainländer's dramatisches Gedicht „Die letzten Hohenstaufen". Dasselbe besteht aus den drei, je fünf Aufzüge enthaltenden Theilen König Enzo — König Manfred — Herzog Conradino. Die beiden letzten Theile der Trilogie sind Trauerspiele. Mit der wahrheitsgetreuen, jedoch möglichst idealisirten Schilderung des Unterganges der letzten hohen= staufischen Fürsten behandelt die herrliche, aus echtem Dichtergeiste entsprossene Schöpfung ein wichtiges Stück deutscher Geschichte und eine folgenreiche Episode aus dem alten Kampfe zwischen Staat und Kirche. Mainländer nimmt öfter die Gelegenheit wahr, Gedanken seiner Philosophie in die Handlung einzuflechten; dieselben üben im poetischen Gewande einen neuen eigenartigen Reiz aus. Bemerkens= werth erscheint noch, daß die in der Dichtung vorkommenden Frauen= gestalten die höchsten und edelsten Eigenschaften des weiblichen Charakters zeigen.

XII.
Schlußwort.

> Ich stehe noch allein da, aber hinter mir
> steht die erlösungsbedürftige Menschheit,
> die sich an mich klammern wird, und vor
> mir liegt der helle flammende Osten der
> Zukunft. Ich blicke trunken in die Morgen-
> röthe und in die ersten Strahlen des auf-
> gehenden Gestirns einer neuen Zeit, und
> mich erfüllt die Siegesgewißheit.
>
> Mainländer.

Wir wollen jetzt den Blick zurücklenken und die Größe des uns durch Mainländer zu Theil gewordenen Erbes zu über-schauen versuchen.

Mainländer's Lehre wirkt im höchsten und weitesten Sinne erlösend. Die Wohlthat, die uns Mainländer durch die wissen-schaftlich begründete Vernichtung alles und jedes transscendenten Spukes erwiesen hat, kann mit keiner anderen Geistesthat auch nur entfernt verglichen werden: bedeutet sie ja die völlige Befreiung von den unsichtbaren dunklen Mächten, welche die arme Menschheit jahrtausende-lang vorzugsweise beunruhigt und gequält haben. Nichts mehr gibt es, als dieses unmittelbar gefühlte, warme Leben! Es ist ein entzückender Gedanke für Den, dessen Geist aller Fesseln ledig werden konnte. Wird schon dieses Glück vorläufig nur Wenigen zu Theil werden, so wird die Zahl Derjenigen noch geringer sein, die mit selig erbebendem Herzen das absolute Nichts als den Lohn des seinen individuellen Willen Verneinenden und weiterhin als das Ziel der Menschheitsbewegung, ja des ganzen Weltprocesses erkennen dürfen. „Nichts mehr wird sein, Nichts, Nichts, Nichts! — O dieser Blick in die absolute Leere!"

Steigen wir von diesem höchsten, dem philosophisch Rohen unerreichbaren Gipfel der Erkenntniß herab und wenden wir uns

zu solchen Segnungen und Vorzügen der Lehre Mainländer's,
die mehr oder weniger Jedem in die Augen springen müssen.

Mainländer ist Vermittler zwischen Weltanschauungen,
die in metaphysischer Hinsicht als nur einander ausschließend zu
verstehen waren. In der Philosophie der Erlösung, der berichtigten
und fortgebildeten Lehre Schopenhauer's, sind die Grundwahr-
heiten des Christenthums und des Budhaismus enthalten. Dem
Pantheismus wird dieselbe mit der Lehre vom dynamischen Zusammenhang aller Dinge gerecht, wenn sie auch eine mit der Welt
coexistirende, einfache Einheit vernichten mußte. Selbst die Wahrheit des Materialismus, daß die Organismen durch keine Kluft von
den unorganischen Körpern getrennt sind, wurde von der immanenten
Philosophie bestätigt. Auch dünkt mich nicht unwichtig, daß die
Weltanschauung Goethe's mit Mainländer's Lehre wunderbar
übereinstimmt. Man hat Goethe vorgeworfen, daß er „Christus
für problematisch, den lieben Gott aber für ganz ausgemacht hielt,
in Betreff des letzteren allerdings die Freiheit sich wahrend, ihn in
der Natur auf seine Weise aufzufinden". Die Spur des Göttlichen,
die Göthe „in der Natur" überall vorfand, ist nichts Anderes als
der von Mainländer gelehrte, die Welt durchwehende Athem
der vorweltlichen Gottheit.

In diesen Beziehungen der Lehre Mainländer's zu den
wichtigsten anderen*) Weltanschauungen hat das triviale Wort, daß
die Wahrheit in der Mitte liege, die denkbar großartigste Bestätig-

---

*) Die einzige Geistesrichtung, welche, wie die Sache sich zur Zeit
wenigstens darstellt, nicht mit Mainländer's Lehre in Einklang gebracht werden
kann, ist die aus dem Spiritismus hervorgegangene, s. g. „übersinnliche Weltanschauung." Angesichts der vielen Vertreter dieser Richtung, denen ein redliches und gewissenhaftes Streben nicht abgesprochen werden kann, ist es ein großes
Unrecht, die genannte Richtung, wie so oft geschieht, kurzweg als eine abgeschmackte
Verirrung zu bezeichnen, ohne eine zulängliche Erklärung für die von den
Spiritisten behaupteten Phänomene zu geben. Vom Mainländer'schen Standpunkt aus bleibt nichts Anderes übrig, als die fraglichen Phänomene auf bisher noch nicht erforschte Naturkräfte zurückzuführen. Immerhin hat aber die
übersinnliche Weltanschauung, wie sie namentlich von Du Prel („Philosophie
der Mystik" und Zeitschrift „Sphinx") vertreten wird, mit Mainländer Das
gemein, daß sie Rückkehr vom Pantheismus zum Individualismus fordert.
Dagegen weiß sie vermöge des optimistischen Zuges, der ihr nothwendig eigen
sein muß, mit der Verneinung des Willens nichts anzufangen.

ung erfahren. „Wir wollen die Hoffnung nicht aufgeben, daß die Menschheit dereinst auf den Punkt der Reife und Bildung gelangen wird, wo sie die wahre Philosophie einerseits hervorzubringen und andererseits aufzunehmen vermag .... Dann würde die Wahrheit in einfacher und faßlicher Gestalt die Religion von dem Platze herunterstoßen, den sie so lange vikariirend eingenommen, aber eben dadurch jener offen gehalten hatte." (Schopenhauer Parerga II, 361.) Den Grund zu dieser wahren Philosophie hat Mainländer mit seiner „einfachen und faßlichen" Lehre gelegt. Denn Schopenhauer's eigene Philosophie ist anzusehen als „die Brücke, die das Volk aus dem Glauben in die Philosophie hinüberträgt." (Mainländer). In der That muß der Uebergang von allem Glauben zum reinen Wissen von jedem Einsichtigen als nächstes Ziel der Menschheitsentwicklung hingestellt werden.

Vergleicht man mit Mainländer's Lehre Das, was in neuerer Zeit sonst noch als Ersatz *) für die Religion aufgestellt wurde, so kann man nicht umhin, es dürftig und mangelhaft zu nennen. Gewöhnlich wird das moralische Moment zu sehr in den Vordergrund gestellt, während die intellektuelle und ästhetische Erziehung des Menschengeschlechtes, sowie auch die Verbesserung der socialen Verhältnisse zu wenig betont werden. In der zuletzt genannten Beziehung macht eine große Ausnahme E. Dühring, dessen Bestrebungen auch in mancher anderen Hinsicht Sympathien erwecken. Indessen ist der von ihm, auf Grund seiner materialistischen Weltanschauung geforderte, vollständige Untergang des Christenthums eben unannehmbar. Denn allerdings muß man R. Wagner zustimmen, wenn er sagt, daß das wahrhaftige Christenthum uns berufen dünken muß, eine allgemeine moralische Uebereinstimmung auszubilden. Und Mainländer weist dem reinen, auf den Grund des Wissens hinübergeretteten Christenthum, in dem die Moral nur eine exoterische Bedeutung hat, eine noch höhere Rolle zu: Der Kern des reinen Christenthums enthält die Lösung des geheimnißvollen Welträthsels.

---

*) Eine übersichtliche Darstellung dieses Gegenstandes gibt Druskowitz in seiner Schrift: „Moderne Versuche eines Religionsersatzes." Der Verfasser bespricht und kritisirt Werke von Comte, Mill, Feuerbach, Strauß, Lange, Nietzsche, Duboc, Dühring und Salter. — Mainländer ist ihm natürlich unbekannt.

Die vermittelnde Stellung Mainländer's erhellt weiterhin aus
der durch seine Lehre herbeigeführten Versöhnung von Gegensätzen,
die bisher durch unüberbrückbare Klüften von einander geschieden
waren. Ich erinnere an: Idealismus und Realismus — Theis=
mus und Atheismus — Selbständigkeit und Abhängigkeit des
Individuums — Bejahung und Verneinung des Willens — Op=
timismus und Pessimismus — egoistisches und „selbstloses" Handeln
— Wollen und willenloses Erkennen — Leiden der Menschheit und
Leiden der Thierwelt. Das Leiden der Thierwelt läßt sich, neben=
bei bemerkt, nur mit Mainländer's Lehre erklären, nach welcher
der Verlauf des Weltprocesses einfach nothwendig ist und keine
moralische Bedeutung hat. Unter der Annahme einer solchen aber
bleibt das Leiden der Thierwelt ein Räthsel, das selbst Schopen=
hauer „der eigenen Spekulation des Lesers" zu lösen überläßt. —
In Betreff der oben angeführten und anderer Gegensätze ist die
„mehr als tausendjährige Verwirrung" in der That erst von Main=
länder gelichtet worden.

Mit Mainländer werden ferner die endlosen Widersprüche
und Mißverhältnisse der Welt begreiflich. Denn: „in der Welt
herrscht Antagonismus des allgemeinen Zieles wegen, weil das
Ziel nur durch Kampf, Schwächung der Kraft und Aufreibung zu
erlangen ist." Welch' leidenschaftslose Betrachtung durch eine solche
Welterklärung ermöglicht wird, beweist jede Seite des Mainlän=
der'schen Werkes. Da ist nicht die bittere Rede von unserer Ci=
vilisation als einer „Lügengeburt des mißleiteten menschlichen Ge=
schlechtes", vom „Verfall der historischen Menschheit", von „moderner
Corruption," von „unseligem Parteihader," von der „Verhäßlichung
Europas" u. s. w. — als von unglücklicherweise vorhandenen
Dingen, die unter Umständen eine andere Gestaltung hätten anneh=
men können. Nach Mainländer hat der Proceß der Menschheit
eben einen ganz bestimmten Zweck, der nur auf die eine, den
wirklichen Verhältnissen entsprechende Art erreicht werden kann.
Ein besonders lehrreiches Beispiel für Mainländer's Stellung
in der gedachten Beziehung bietet die die Gemüther so sehr auf=
regende Judenfrage. Man ist geradezu unfähig geworden, das
Eindringen der Juden in die abendländische Cultur anders als für
das größte, von uns wohl gar selbst verschuldete Unglück anzusehen;
als ob nicht Alles nothwendig geschähe. Was sagt aber Main=

länder? „Auf das Gesetz der Humanität ist auch die Emancipa=
tion der Juden hauptsächlich zurückzuführen, welche ein weltge=
schichtliches Ereigniß von der größten Bedeutung war. Die Juden
treten mit ihrem, durch den langen Druck außerordentlich entwickelten
Geiste überall auf und machen die Bewegung, wohin sie kommen,
intensiver." · A. a. O. gibt Mainländer der Kritik Schopen=
hauer's über den Nationalcharakter der Juden zwar seinen Bei=
fall, fügt jedoch hinzu: „Aber man sollte nicht vergessen, daß es
eben die Fessellosigkeit ist, welche auf 18 Jahrhunderte des empö=
rendsten Druckes und der maßlosesten Verachtung folgte, die solche
Früchte zeitigt. Nun rächen sich die Juden mit ihrem kalten, todten
Mammon: zum Verderben Einzelner, zum Wohle der Menschheit."
Und nun gar das folgende, für Antisemiten ganz Unverdauliche:
„Die Juden und die Indo=Germanen sind diejenigen Völker,
welche an der Spitze des geistigen Lebens der Menschheit
wandeln und es führen."

Wenn überhaupt, wie auch allgemein zugegeben, aber trotzdem
sehr oft vergessen wird, Objektivität, Gerechtigkeit und Milde als
Blüthen der Weisheit gelten sollen, dann ist in Europa noch kein
größerer Weise aufgestanden als Mainländer. Er macht stets
den Eindruck, als ob er, „losgelöst von Personen und Sachen,"
über Allem stehe. Er wollte nur, den nahen Tod im Angesicht,
das ihm aufgegangene, reinste Wissen der Menschheit zu ihrem
Heile noch mittheilen. Vermöge dieses hohen Standpunktes ver=
läßt ihn eine ganz einzig dastehende Besonnenheit keinen Augenblick.

Wie aus Mainländer's warmen und hochherzigen Worten
eine im höchsten Sinne liebenswerthe Persönlichkeit spricht, so spie=
gelt sich sein Geist in seinem Style wieder. Der Styl ist ja die
„Physiognomie des Geistes." Die Deutlichkeit des Denkens und
die Klarheit der Begriffe erreichen bei Mainländer stets eine
Höhe, auf der sich selbst Schopenhauer nicht immer behaupten
konnte. Wie dieser es vom echten Philosophen verlangt, ist Main=
länder stets bestrebt, „einem Schweizer See zu gleichen, der,
durch seine große Ruhe, bei großer Tiefe große Klarheit hat, welche
eben erst die Tiefe sichtbar macht." Auf diese Weise ist Main=
länder, wie kein Anderer, geeignet, das verlorengegangene Inter=
esse an der Philosophie, die Dank dem „Philosophieprofessorenwort=

kram" und anderem Phrasenwuſt in den Augen ſo Vieler geächtet
daſteht, von Neuem zu wecken.

Dazu vermag neben dem rein immanenten Charakter der Lehre
Mainländer's nicht wenig auch der Umſtand beizutragen, daß
Mainländer's Philoſophie, im Gegenſatze zu Schopenhauer,
der Politik mit ihren furchtbaren Realitäten gerecht wird. Man
darf, wie ich in der Einleitung ſchon hervorhob, Schopenhauer
nicht vorwerfen, daß man durch ſeine Lehre zur Theilnahmsloſig-
keit an allen politiſchen Vorgängen, ja ſogar zum Aufgeben der
Vaterlandsliebe angeleitet wird. Dies iſt vielmehr eine nothwendige, auf die Dauer aber ſehr unbefriedigt laſſende Folge des Schopenhauer'ſchen Idealismus. Welch' hohe Bedeutung die Politik
hingegen bei Mainländer erhält, mag man aus dem Endergeb-
niß ſeiner politiſchen Betrachtungen ermeſſen, nach welchen die Erlöſung des Menſchengeſchlechtes von der Löſung der ſocialen Frage,
d. h. von der Gründung des idealen Staates abhängt.

Und der Führer der Menſchheit bis zum idealen Staate wird
Deutſchland ſein, wie Mainländer in Uebereinſtimmung mit
Fichte ſagt. O daß das Herz aller Deutſchen durch die herrlichen
Worte entzündet werden könnte, mit denen Mainländer von der
hohen Beſtimmung ſeines geliebten Vaterlandes ſpricht! Zweifels-
ohne müßten Mainländer's ſtolze und Vertrauen erweckende
Worte bei den Deutſchen in Bezug auf den oft und mit Recht ge-
rügten Mangel an Vaterlandsliebe eine beſſere Wirkung hervorbringen, als das ewige Geißeln der Schwächen des deutſchen Charakters, wie es ſo viele große und kleine Deutſche mit Vorliebe gethan haben und thun. Schopenhauer weiß ſogar den Deutſchen
überhaupt nur Schlimmes nachzuſagen.

Mit der von Mainländer geforderten glutvollen Hingabe
an das Vaterland ſteht die reine Menſchenliebe des göttlichen Geſetzes durchaus nicht im Widerſpruch. Dieſem, hier ſchon mehrfach
berührten Gedanken verleiht Mainländer einen ergreifenden, be-
geiſternden Ausdruck im Statut des Gralsordens. Bei der Aufnahme der Templeiſen, der mit dem Schwerte kämpfenden Mitglieder
des Ordens nimmt nämlich der Parzival, das Haupt des Ordens,
dem „Fremdling" folgendes Gelöbniß ab:

Parzival. So gelobe denn zum Erſten: Daß Du
für Dein Vaterland gegen andere Staaten muthig und treu

bis zum Tode mit der Waffe kämpfen willst; denn nur aus
dem Zusammen= und Gegeneinanderwirken der Staaten ent=
steht der Gang der Menschheit in unserer Zeit.

Fremdling. Ich gelobe es.

(Ist der Fremdling ein Ausländer, so ist Folgendes einzu=
schalten.

Parzival. Gelobe ferner, daß Du unser nicht schonen
willst, wenn Du uns auf dem Schlachtfeld als Feind begegnest;
denn auch wir werden Deiner nicht schonen. Das Reich des
Friedens ist noch nicht da und je tapf'rer wir für unser
Vaterland streiten, desto schneller kommt das Reich des Frie=
dens herbei.

Fremdling. Ich gelobe es.)

Parzival. So gelobe zum Zweiten:

Daß Du kämpfen und, wenn es sein muß, sterben willst
für gleiche Arbeit, gleiches Spiel, gleichen Ruhm, gleiche Bil=
dung für jeden Bürger in Deinem Staate.

Fremdling. Ich gelobe es.

Parzizal. So gelobe zum Dritten:

Daß Du allen Menschen dienen willst in gleicher
Herzensgüte, gleicher Milde, gleicher Demuth, gleicher Liebe;
daß Du mich nicht mehr lieben willst als die anderen Tem=
pleisen, und diese nicht mehr als die Weisen, und diese nicht
mehr als die anderen Menschen, sondern daß Du alle Menschen
mit gleicher Liebe umfassen und keinen Menschen hassen willst.

Fremdling. Ich gelobe es.

Das Statut des Gralsordens ist der reinste Ausfluß des
göttlichen Gesetzes selbst, die Quintessenz der Lehre Mainländer's,
dieses echten hohen Gralsritters. Und sein heilig ernster Mahn=
ruf verhallt ungehört? Selbst von den künstlerischen Pflegern des
Grales, den Führern der Bayreuther Gemeinde, die doch in
Folge der Mahnung ihres eigenen Meisters verpflichtet sind, „jedes
Gebiet, auf welchem geistige Bildung zur Bestätigung wahrer Mo=
ralität anleiten mag, mit äußerster Sorgsamkeit bis in seine
weitesten Verzweigungen zu erforschen?"

Nur die Einsicht in die Nothwendigkeit alles Geschehenden
vermag darüber zu trösten, daß alles Große, wenn es auftritt, so
entsetzlich schwere Kämpfe zu bestehen hat, ja daß häufig, wie durch

einen bösen Zauber, gerade Diejenigen mit ihm unbekannt bleiben die es richtig zu schätzen wüßten, wenn sie nur erst die rechte Kunde von ihm hätten. Aber „die Welt soll nicht so rasch zum Ziele, als wir denken und wünschen. Immer sind die retardirenden Dämonen da, die überall dazwischen und überall entgegentreten, so daß es zwar im Ganzen vorwärts geht, aber sehr langsam." (Goethe.)

Die Zeit für Mainländer ist eben noch nicht gekommen. Vielleicht ist Wagner's „Parsifal" berufen, das Verständniß für Mainländer's Gralsorden anzubahnen und dadurch die Wege für Mainländer's Lehre überhaupt ebnen zu helfen. Die Aufgabe der Kunst, das menschliche Herz für die Erlösung vorzubereiten, würde die Wagner'sche Kunst alsdann auf die denkbar höchste und wirkungsvollste Art lösen.

Ich schließe mit einem prophetischen Worte Gutzkow's, der auf wunderbar zutreffende Weise Mainländer's Erscheinen im Geiste erschaut hat: „Unsere Zeit ist reif für eine neue Messias-Offenbarung. Was würden denn die Mächtigen beginnen mit einer Persönlichkeit, die alle Bedingungen eines großen Propheten in sich trüge? Sei er nur rein in seinen Anfängen, achtbar in seiner Bildung, begabt mit der Macht der Rede, sei er nur tief in seinen Studien, um vor dem Dünkel der Gelehrsamkeit nicht erschrecken zu müssen, sei er nur sittenrein in seinem Wandel, enthaltsam, bescheiden, fessele er die Menschen durch eine gewinnende Persönlichkeit und sei er ein großer Dichter des Lebens, der würdig ist, sein eigener Gegenstand zu sein, — wer wollte ihn dann in Banden halten, mürbe machen durch die kleinen Quälereien unserer Civilisation? Er wäre der Welt, was Christus den Juden war." („Die Ritter vom Geiste".)

CPSIA information can be obtained
at www.ICGtesting.com
Printed in the USA
BVHW041738301118
534244BV00013B/26/P